가끔은 미쳐도 좋다

가끔은 미쳐도 좋다

봉달이 신부의 사랑 이야기

2015년 1월 14일 교회인가
2015년 5월 20일 1판 1쇄 발행
2025년 5월 2일 1판 23쇄 발행

지은이 | 나봉균
그 림 | 한호진
펴낸이 | 이은아
펴낸곳 | 바오로딸

01166 서울 강북구 오현로7길 34
등록 | 제7-5호 1964년 10월 15일
전화 | 02) 944-0800 팩스 | 987-5275

취급처 | 중앙보급소
전화 | 02) 984-3611 팩스 | 984-3612

FSP 1353

값 14,000원

이메일 | edit@pauline.or.kr
인터넷 서점 | www.pauline.or.kr 02) 944-0944
ISBN 978-89-331-1202-1 03800

가끔은 미쳐도 좋다

봉달이 신부의 사랑 이야기

나봉균 지음

• 차례 •

2부 뜨거운 사람

3부 주님은 웃는 사람을 좋아하신다

4부 행복 끝, 또 다른 행복 시작

신학생 때 '봉달이'라는 별명을 얻었다. 누가, 왜 그렇게 부르기 시작했는지는 기억나지 않는다. 어느 날 누군가가 그렇게 부르기 시작했고, 봉균이라는 실제 이름은 교실에서나 불릴 정도로 그냥 봉달이로 통했다. 신부가 된 뒤에도 때와 장소를 가리지 않고 나를 봉달이라고 불렀다. 신부님들은 말할 것도 없고 주교님들, 심지어 원로이신 경갑룡 요셉 주교님까지도 "봉달아!" 하고 부르신 적이 있다. 그만큼 봉달이라는 별명은 주변의 많은 사람뿐만 아니라 나 자신에게 익숙한 호칭이자 애칭이 되었다.

까만 피부색 때문에 호號까지 붙었다. 그래서 그냥 봉달이가 아니라 '까만 봉달이'다. 처음 만나는 공동체에서는 별명을 소개하면서 길거리에 굴러다니고 날아다니는 까만 봉다리를 볼 때마다 까만 나 신부를 기억하면서 화살기도 한 번씩 해달라고 부탁하곤 한다. 그래서 그런지 처음 만난 신부인데도 나를 친근하게 느끼는 것 같다. 아무튼 책에 나오는 봉달이는 책을 쓴 나다. 사실 책을 썼다는 표현은 옳지 않다. 왜냐하면 책을 펴내려는 의도로 쓴 글이 아니라 사회복지 소식지에 10년 넘게 매달 한 편씩 썼던 글들을 모은 것이기 때문이다. 본당신부로 잠깐 지내는 동안에도 이미 습관이 된지라 원고 마감일이 없는데도 매달 글을 썼다. 그런 글들이 모아졌고 이렇게 책까지 펴내는 행운을 얻었다.

기왕 책이 나온 김에 대박이 났으면 싶은 게 솔직한 심정이다. 정말이지 많은 사람이 이 책을 읽었으면 좋겠다. 그렇다고 유명해지고 싶다는 말은 아니다. 글을 쓸 때마다 갖는 마음가짐이 있는데, 봉달이가 쓴 글을 통해 사람들의 마음이 조금이라도 따뜻해지고 한 번이라도 더 웃었으면 하고 평범한 신부의 삶을 살짝 들여다보면서 따뜻한 마음과 가벼운 미소를 챙길 수 있으면 좋겠다. 그리고 글마다 마지막에 나오는 주님 말씀을 새기면서 힘을 얻고 위로를 받으면 좋겠다. 욕심을 조금 더 내자면, 인세印稅를 사회복지 사업에 쓰기로 했으니 책이 대박이 나서 더 많은 이웃을 도울 수 있으면 좋겠다.

돌이켜 보면, 봉달이는 어두운 피부색만큼이나 밝지 않은 삶을 살았다. 지나치게 내성적인 성격에다 아버지까지 일찍 세상을 떠나셨고 가난 때문에 더욱 기를 펴지 못했던 것 같다. 그래도 대대로 물려받은 신앙이 있어 다행이었다. 신앙 덕분에 가난했지만 화목했다. 신앙 덕분에 사제가 되었다. 신앙 덕분에 삶이 밝아졌다. 돈이 아니라 신앙이 최고의 유산이다. 그것은 틀림없는 사실이다. 신앙적 관점에서 세상을 살아가는 것이 얼마나 행복한 일인지 이 책을 통해 새삼 깨달을 수 있다면 정말 좋겠다.

봉달이는 미사 때나 강론할 때 최소한 한 번쯤은 신자들을 웃겨야 한다는 강박관념 비슷한 것을 갖고 있다. 사실 신앙의 내용을 전하는 것도 중요하다. 하지만 신앙 안에서 사는 사람은 무엇보다 웃음이 많아야 하고 삶이 기뻐야 한다. 웃는 얼굴이어야 한다. 그리고 다른 이에게도 웃음을 줄 수 있어야 한다. 신앙은 반드시 기쁨을 동반해야 한다. 기쁨이 없다면 그것은 거짓 신앙이다.

끝으로, 10여 년 동안 썼던 글들을 모아서 묶어준, 네 아이의 부모인 조경아 루시아와 오순태 루카 부부에게 특별히 감사드린다. 그 덕분에 바오로딸에 원고가 넘어가 이렇게 책으로 나올 수 있었다. 책으로 만들어 준 바오로딸의 단행본팀, 삽화를 그려주신 한호진 작가께도 감사드리며, 유흥식 라자로 대전교구장 주교님을 비롯한 교구의 모든 신부님과 교구청 식구들, 그리고 한솥밥을 먹고 있는 사회복지 식구들과 본당에서 만난 따뜻한 신자들, 어머니를 비롯한 사랑하는 가족들에게도 감사와 사랑의 마음을 전한다.

2015년 천주교 대전교구청에서

나봉균

1부

감동을 주는 사람

사람을
소중히

김대건 신부님 대축일 미사를 마치고 홀로 도보순례를 떠났다. '대전-공주-유구-신양-응봉-덕산-해미' 3박 4일 동안 총 140여 킬로미터를 걸었다. 처음에는 발이 아프더니 다음에는 무릎 뒤쪽이 아팠고 그다음에는 허리까지 무리가 왔다. 최소한으로 챙겼다고 생각했던 짐도 시간이 지날수록 그야말로 짐스러웠다. 망설이고 망설이다 '누군가 잘 쓰겠지' 하는 마음으로 우산을 비롯한 몇 가지 짐을 버렸다. 그랬더니 훨씬 발걸음이 가벼워졌다. 비 오면

비를 맞고 옷이 젖으면 말리면 되는데 너무 두려워했던 것 같다. 어쩌면 우리는 막연한 걱정 때문에 더 힘차게 나아가지 못한다.

대한민국의 도로는 자동차가 우선이지 결코 사람이 우선은 아니다. 순례를 하는 동안 이 생각이 머릿속을 떠나지 않았다. 사람이 다니는 길은 폭이 좁을 뿐만 아니라 많은 구간이 공사로 어수선했고 각종 장애물도 많았다. 그래도 차들이 주행하면서 보행하는 사람들을 조금씩만 배려해 주면 전혀 문제가 될 것이 없다. 하지만 어떤 차들은 보행하는 사람을 전봇대쯤으로 생각하는 것 같았다. 보행자를 피해서 중앙선 쪽으로 운전해 주면 좋으련만 막무가내였다. 차선을 어찌나 잘 지키면서 사람을 위협하던지…. 더구나 빗길을 쌩쌩 지나치며 물세례를 주는 차들도 너무나 많았다. 그런 사람들은 정말이지 나쁜 XX다. 뭐가 그렇게 바쁘다고 그토록 빠르게 지나가는 것일까? 어쩌면 우리는 너무나 바쁘게 사는 나머지 누군가에게 피해를 주고 있는지도 모른다. 말하자면 사람이 안중에 없는 것이다.

순례 중에 만났던 사람들은 제각기 인상적이었다. 어느 식당 아주머니의 눈빛이 기억난다. 내 행색을 위아래로 훑어보는 시선이 북한 공비라도 바라보듯 곱지 않았다. 비를 맞고 생쥐 꼴이 된 나를 측은하게 여겨 아예 밥 두 그릇을 내오던 휴게소 아주머니의 따뜻한 마음도 기억난다. 묻는 말에 다른 곳을 바라보며 불친절하게 대답하던 약국 아저씨, 차를 세우더니 타겠느냐고 말해주던 친절한 아주머니…. 순례 중에 만난 사람들은 서로 다른 색깔을 갖고 있었다. 도대체 같은 사람인데 왜 이렇게 다를까? 그건 잘 모르겠다. 그러나 분명한 것은 나를 소중하게 여겨준 사람이 좋다. 내게 친절을 베푼 사람이, 내게 따뜻한 말을 건네준 사람이 좋다. 사람을 소중히 여길 줄 아는 사람이 좋다.

"여러분의 말은 언제나 정답고 또 소금으로 맛을 낸 것 같아야 합니다. 그리하여 여러분은 누구에게나 어떻게 대답해야 할지 알아야 합니다."
콜로 4,6

빈자리는 채워져야 한다

청국장을 먹을 때마다 아버지가 생각난다. 코흘리개 어린 시절에 돌아가셨기 때문에 아버지에 대한 기억이 거의 없는데도 청국장만 먹으면 아버지 얼굴이 떠오른다. 아주 오래전 어느 날 저녁, 아버지와 단둘이서 청국장을 맛있게 먹었던 기억이 선명하게 남아있기 때문인가 보다. 그래서 그런지 지금도 가장 좋아하는 음식이 뭐냐는 물음에 항상 청국장을 꼽곤 한다.

가정에 아버지가 없으면 그 빈자리는 클 수밖에 없다. 만일 그 빈자리를 채워주는 사람들이 없었다면 오늘날 나는 또 다른 모습을 하고 있을지도 모른다. 나보다 열다섯 살이나 더 많은, 아버지 같은 마태오 형을 비롯하여 사랑이 많은 가족들이 그 빈자리를 대신해 주었다. 그 때문에 큰 공허감 없이 지낼 수 있지 않았나 싶다.

빈자리는 꼭 채워져야 한다. 특히 그것이 가족 구성원 중 한 사람의 자리라면 더더구나 채워져야 한다. 아무도 본래 그 자리를 채웠던 사람의 역할을 대신해 줄 수는 없다. 그러나 누군가는 그 빈자리를 채워줘야 한다. 그래야만 공허함을 덜 느끼고 기쁘게 살아갈 수 있다.

죽음을 눈앞에 둔 예수님은 십자가 위에서 당신의 어머니와 그 곁에 서있는 사랑하시는 제자를 보고 먼저 어머니에게 이렇게 말씀하셨다. "여인이시여, 이 사람이 어머니의 아들입니다."요한 19,26 그리고 제자 요한에게는 이렇게 말씀하셨다. "이분이 네 어머니시다."19,27 예수님도 당신의 빈자리를 요한이 채워주기를 바라셨던 것이다.

성모성월인 동시에 가정의 달인 5월이다. 그 어느 때보다도 '빈자리 채우기'에 마음을 쓰면서 지내야 할 때다. 우리는 묵주기도 중간중간에 "연옥영혼을 돌보시며 가장 버림받은 영혼을 돌보소서"라는 기도를 바친다. 이 기도처럼 빈자리를 채우되 가장 휑한 빈자리를 채우면서 지낼 수 있으면 좋겠다. 우리 주위에서 가장 휑한 빈자리는 어디일까?

결핍은 소외와 미움을 거쳐 문제행동으로 이어지기 쉽다. 때문에 결핍이라는 빈자리는 채워져야 한다. 결핍이라는 그 빈자리를 채우는 것이, 우리가 흔히 말하는 사회복지이고, 봉사이며, 사랑이다. 그런 것들이 이루어지는 그 자리가 하느님의 나라이고 바로 거기에 하느님이 계신다.

"인간의 지각을 뛰어넘는 그리스도의 사랑을 알게 해주시기를 빕니다. 이렇게 하여 여러분이 하느님의 온갖 충만하심으로 충만하게 되기를 빕니다." 에페 3,19

기쁨을 주는 짜증

무더운 여름이면 어김없이 생각나는 일이 있다. 3년 전 유천동 성당 보좌로 있을 때의 일이다. 하루는 본당 청년들 서너 명과 함께 어느 식당에 갔다. 김치찌개를 주문한 뒤 도란도란 이야기를 나누던 중 구슬땀을 흘리며 열심히 일하는 주인 내외분 모습이 우연히 눈에 들어왔다. 고등학생으로 보이는 딸도 방학을 이용하여 부모님을 도와드리고 있는 것 같았다. 그 모습이 보기에 좋았다. 왠지 남이 아니라 내 가족 같고 친한 이웃처럼 느껴졌다.

오래지 않아 음식이 나왔는데 값에 비해 반찬과 찌개가 푸짐했으며 정갈하고 맛있었다. 요즘도 그렇지만 그 당시에도 살[肉]과의 전쟁을 선포한 터라 밥을 한 그릇 이상 먹는 일이 없었는데 게 눈 감추듯이 한 그릇을 비웠고 아쉬움이 남아 한 그릇을 더 시켰다. 너 나 할 것 없이 맛있게 먹은 탓에 반찬이 바닥을 보이고 있었다. 그래서 딸인 것 같은 그 여학생에게 밥을 추가로 시키면서 반찬도 더 달라고 했다. 아니, 정확히 말하자면 이랬다. "여기요! 음식이 이렇게 맛있어도 되는 거예요?" 잠시 후 그 여학생은 얼른 빈 반찬 그릇을 치우고 새것으로 가져다주었다. 우리는 시종일관 "맛있다!" 감탄사를 연발하면서 먹었다. 그래서인지 남은 음식이 전혀 없었다. 찌개는 말할 것도 없고 반찬도 싹쓸이를 해서 전부 빈 그릇이었다. 적어도 그날만큼은 "저희에게 베풀어 주신 모든 은혜에 감사하나이다"라는 식사 후 기도가 마음에서 우러나왔던 것 같다.

계산을 하면서 주인아저씨에게 또다시 짜증난다는 투로 이렇게 말했다. "아저씨! 김치찌개가 이렇게 맛있어도 되는 거예요?" 마음 좋아 보이는 아저씨는 그 한마디에 더위와

하루의 수고를 잊은 듯 유쾌한 표정으로 "고맙습니다!" 하면서 2천 원을 깎아주기까지 하셨다. 짜증도 짜증 나름, 기쁨을 주는 짜증이 있다.

사실 맛있는 음식을 먹으면서 그것을 당연한 것으로 여기지 않고 칭찬할 수 있는 마음이 필요하다. 아무리 내 돈을 내고 음식을 사 먹더라도 나를 위한 봉사를 당연한 것으로 여기지 않는 마음이 필요하다. 그래야 감사할 생각도 하게 된다. 특히 요즘은 막무가내로 시원한 것만을 찾으면서 덥다고 짜증 부리기 쉬운 때다. 진짜 짜증 말고 상대방에게 '기쁨을 주는 짜증'을 많이 부리면서 지내는 것은 어떨까? 이것이야말로 시원하게 여름을 날 수 있는 좋은 방법이 아닐까?

"이슬이 불볕더위를 가라앉히지 않느냐? 그처럼 달 한마디가 선물보다 낫다. 보라, 말 한마디가 좋은 선물을 능가하지 않느냐?" 집회 18,16-17

많은 것을 놓치며 산다

추석 연휴 기간에 잠시 짬을 내어 논산에 있는 탑정 저수지로 낚시를 하러 갔다. 명절 때 낚시하러 간다고 하면 미친놈(?) 취급할까 봐 소리 소문 없이 갔는데 낚시터에는 이미 또 다른 미친놈들이 적지 않았다. 나름대로 안심이 되었다. 주인아줌마한테서 홍시를 얻어먹은 뒤 배를 저어 좌대에 도착했다. 그러고는 익숙한 손놀림으로 낚싯대를 드리웠다. 이제 찌가 올라오기를 기다리기만 하면 된다.

그런데 찌는 말뚝처럼 꼼짝하지 않았다. 붕어들도 명절을 지내러 간 것이 아닌지 의심스러울 정도였다. 그 덕분에 초가을 시골 정경이 눈에 들어왔다. 어느 낚시터든 대체로 주변 경관이 아름답기 마련인데 그곳은 뭔가 다른 것이 있었다. 마치 한 폭의 동양화를 보고 있다는 생각이 들 만큼 풍경이 아름다웠다.

야트막한 산이 겹쳐있었는데 소나무가 많았다. 소나무 한 그루 한 그루가 다 빼어난 하느님의 예술작품이었고, 덩치 큰 상수리나무들도 소나무들과 어울려 물가에 멋지게 자리하고 있었다. 거기에 어떤 할머니가 상수리를 줍고 있었고, 아이들도 신나게 뛰놀고 있었으며, 강아지들도 덩달아 장난치며 놀고 있었다. 아! 얼마나 아름다운 풍경인지 붕어가 잡히지 않아도 나쁘지 않겠다는, 꾼으로서는 미친(?) 생각이 들 정도였다. 그런데 잠시 후, 그 그림을 망가뜨리는 침입자들이 나타났다. 그들은 명절을 지내러 온 것 같은 젊은 부부였는데 할머니가 이미 훑고 지나간 자리에서 상수리를 줍다가 여의치 않았나 보다. 젊은 남자는 어마어마한 쇠망치를 들고 와 상수리나무를 힘껏 두들겨 팼고, 젊은 여자는 남이 가져갈까 두려운 듯 부지런히 상수리를 줍고 있었다. 아! 같은 배경, 전혀 다른 느낌! 왠지 씁쓸했다.

사람은 참 대단하다. 아름다움에 아름다움을 더할 수도 있고, 있던 아름다움을 걷어낼 수도 있는 존재가 사람이다. 어떻게 해야 인생이라는 그림의 완성도를 높일 수 있는지 그들은 도대체 모른다는 말인가?

「나는 왜 너가 아니고 나인가?」에서 읽은 한 대목이 생각난다. "문명인들은 모든 것을 서둘러 원하며, 많은 노력 없이 그것을 얻기 원하지만 그렇기 때문에 그들은 더 많은 것을 놓친다." 여기에서 '문명인들'이라는 말 대신, '젊은이들'이나 '우리'라는 말을 써도 무방하지 않을까 싶다. 실제로 문명인으로 자처하는 젊은이들은, 그리고 우리는 많은 것을 놓치며 살고 있다. 그 가운데 하나가 순수한 정신이다.

"악의 마력은 좋은 것들을 무색하게 만들고 솟구치는 욕망은 순수한 정신을 훼손하기 때문이다." 지혜 4,12

최고의
선물

신학교는 마음의 고향인가 보다. 때때로 신학교에서 있었던 일들이 떠오른다. 요즘처럼 계절이 바뀌어 찬바람이 불기 시작하면 버릇처럼 가구배치를 새롭게 했다. 가구라고 해봐야 장롱, 침대, 책상, 책꽂이가 전부였지만 어떤 위치에 두느냐에 따라서 분위기는 사뭇 달랐다. 한밤중, 대침묵 시간이라 하더라도 바꾸고 싶다는 생각이 들면 바로 실행에 옮겼다. 물론 들키면 반성문을 써야 할 일이지만 대침묵 시간에 가구를 옮기는 일은 나름 짜릿했다.

더구나 낑낑대며 장롱을 옮기다가 뽀얀 먼지 덩어리가 엉켜 있는 동전이라도 발견하면 그렇게 반가울 수 없었다. 액수는 크지 않지만 횡재가 아닌가!

신부가 된 이후로 방은 더 넓어졌지만 그 일은 계속 못하고 있다. 이유는 가구 덩치가 너무 크거나 방 구조상 재배치가 도저히 불가능했기 때문이다. 그래서 우연히 돈을 발견하는 횡재도 더 이상 누릴 수 없었다. 3년 전 이맘때다. 그때도 가구를 새롭게 배치하려 했는데 거의 붙박이장이라 잘 되지 않았다. 마음을 접으면서 봉투에 만 원을 넣고 이렇게 썼다. "덩치 큰 가구를 옮기느라 수고하셨습니다. 이 돈으로 자장면이라도 사서 드세요!" 문구가 정확한 것은 아니지만 그런 내용이었다. 그러고는 봉투를 덩치 큰 가구 밑에 밀어 넣었다. 언젠가 누구든 힘겹게 가구를 옮긴 뒤 뜻밖의 횡재를 얻고 그 기분을 만끽하라는 의도였다. 그로부터 1년쯤 지나 다른 본당에서 지내던 어느 날, 사제관을 옮기느라 가구를 들어내다가 그 봉투를 접수했다는 소식이 들려왔다. 그것을 발견한 사람이 얼마나 반가웠을까 생각하니 흐뭇했다.

비교적 선물을 자주 받는 편인데 선물은 그 자체로 기쁨이다. 예정된 선물을 받는 것보다는 뜻밖의 선물을 받는 것이 더 큰 기쁨이다. 그보다 더 큰 기쁨은 선물을 주는 데 있다. 그중에서도 뜻밖의 선물을 안겨줄 때 최고의 기쁨을 누리게 된다. 특별히 기념할 만한 날이 아니라 평범한 일상생활 안에서 상대방이 기뻐할 것을 상상하며 작은 선물을 해보자. 누군가 횡재를 만나도록 기회를 만들어 주면서 10월을 지낸다면 이 가을이 더욱 풍요롭지 않을까?

"여러분은 모든 면에서 부유해져 매우 후한 인심을 베풀게 되고, 우리를 통하여 그 인심은 하느님에 대한 감사를 불러일으킬 것입니다."
2코린 9,11

완전한 평등

나는 대중목욕탕에 대한 기억이 거의 없다. 어릴 때는 전혀 다니지 않았고 그나마 신학생이 된 이후로 드물게, 신부가 되어서는 아주 가끔 다니고 있다. 그렇다고 해서 집에서 자주 목욕을 하는가 하면 그렇지도 않았다. 내 피부가 까만 이유가 거기에 있는지도 모를 일이다. 아무튼 나는 목욕탕에 다니는 것을 즐기지 않는다. 가끔이나마 목욕탕에 가게 되면 벌거벗은 사람들을 보면서 습관처럼 이런 생각을 한다. '저 사람은 뭐하는 사람일까?' '저놈은

뭐하는 놈일까?'

풍기는 인상이나 하는 짓(?)으로 대충 가늠해 보지만 확실한 것은 아무것도 없다. 벌거벗은 상태에서는 누구나 똑같기 때문이다. 어떤 사람이든 목욕탕에서는 다 똑같은 모습이다. 모두가 평등한 것이다. 바로 그 평등이 목욕탕이 주는 가장 큰 매력이 아닌가 싶다. 그런데 그 '목욕탕의 평등'은 옷을 걸치면서부터 조금씩 깨진다. 흔히 주차장에서도 깨지기 십상이고 치열한 삶의 현장에서는 더 말할 나위 없다. 목욕탕 안과 밖의 세상은 이렇게 확연히 다르다. 그러나 분명한 것은 목욕탕에서 드러나듯 지위나 학식이나 부富의 정도에 관계없이 결국 흙으로 돌아갈 그저 똑같은 인간일 뿐이라는 것이다. 정채봉 씨의 수필집 「좋은 예감」에 이런 글이 있다. "재를 만져봅니다. 그 통나무가, 그 가시나무가, 이렇듯 가벼운 재가 되고 말다니…. 가랑잎 재 다르고, 통나무 재 다르고, 가시나무 재 다르지 않음을, 그 완전한 평등을 이제 봅니다."

그렇다! 통나무도, 가시나무도, 그리고 가랑잎도 불에 타면 똑같이 한 줌의 재가 될 뿐이다. 인간도 마찬가지다. 목욕탕 밖에서의 모습이 어떠하든 결국 인간은 한 줌 흙으로 돌아갈 운명이다. 말하자면 인간은 죽음을 통해 완전한 평등을 이루는 존재다. 어쩌면 '목욕탕의 평등'은 '죽음을 통한 완전한 평등'의 전주곡인지도 모른다. 그런데 우리는 자신의 그런 운명에 대해 생각하기를 꺼린다. 아니, 죽음이 먼 훗날에나 찾아올 손님쯤으로 여기는 것 같다. 그러나 죽음이라는 것이 어디 그런가! 상식이 말해주듯 그 손님은 늘 불청객이다. '수의에는 주머니가 없다'는 말을 생각하고 있는 지금 이 순간에도 그 낯선 손님은 소리 없이 문을 두드릴지 모른다.

"우리는 형제들을 사랑하기 때문에 우리가 이미 죽음에서 생명으로 건너갔다는 것을 압니다. 사랑하지 않는 자는 죽음 안에 그대로 머물러 있습니다." 1요한 3,14

부족한 사람

자동차 연비를 계산해 보려고 계기판 눈금을 자주 점검했다. 아니, 점검했다기보다 째려보았다. 그래서일까? 전에는 뚝뚝 떨어지던 눈금이 눈초리가 무서웠는지 더디게 내려갔다. 혹시나 싶어 일부러 더 자주 째려봤다. 그런데 녀석이 내 의도를 눈치챘나 보다. 당연한 결과지만 운행거리가 많아질수록 눈금은 자꾸 밑으로 떨어졌다. 눈금을 째려보던 나 자신에게 물어보았다. '너 어디 부족한 거 아니니?'

얼마 전, 소년 소녀 가장과 결손 가정 아이들과 함께 용인 '에버랜드'에 갔다. 도착하자마자 집결 장소와 시간을 알려준 뒤 아이들에게 자유롭게 놀도록 시간을 주었다. 대부분의 아이들은 짝지어 다니며 놀이기구를 타고 노는데 우려했던 대로 지적장애아 한 명이 외톨이로 다니는 모습이 눈에 띄었다. 일행과 어울리지 못하고 혼자 다니는 것도 안쓰러운데 더욱 속상한 것은 그 친구의 주변 사람들이 그 아이와 일정한 거리를 두고 있어서 군중 속에서도 금방 눈에 띈다는 사실이었다. 측은한 마음이 들어 한 시간가량 그 아이와 같이 쇼도 관람하고 놀이기구도 탔다. 그런데 그 친구가 "신부님! 이거 드세요!" 하면서 음료수를 내밀었다. 말이 많고 목청이 큰 탓에 같이 다니는 것이 피곤했다. 그런데 조금 친해진 느낌인지 자기의 것을 내어놓을 줄도 아는 모습을 보면서 피로감마저 사라졌다. 그것 말고도 이런 저런 때가 묻지 않은 순수한 모습을 많이 엿볼 수 있어서 좋은 시간이었다. 그런데 그 친구를 바라보는 다른 사람들의 시선은 별로 곱지 않은 느낌이었다. 나는 그런 사람들에게 속으로 이렇게 말했다. '너 어디 부족한 거 아니니?'

이 세상에서 완전한 사람은 없다. 완벽해 보이는 사람이 있을 수는 있다. 그러나 그 사람도 완전하지는 않다. 어딘가, 무엇인가 부족한 부분이 분명히 있다. 정도의 차이가 있을 뿐 사람은 부족한 면을 가지고 있고 지금보다 더 부족해질 가능성도 있다. 그렇다면 우리는 자신의 부족함과 타인의 부족함을 같이 인정하고 받아들일 수 있어야 한다. 그렇게 하지 못하는 사람, 부족함을 인정할 줄 모르는 사람이야말로 부족한 사람이다. "주님! 저로 하여금 완전을 지향하되 부족함을 인정할 줄 알게 하소서!"

"너희가 자기 형제들에게만 인사한다면, 너희가 남보다 잘하는 것이 무엇이겠느냐? 그런 것은 다른 민족 사람들도 하지 않느냐? 그러므로 하늘의 너희 아버지께서 완전하신 것처럼 너희도 완전한 사람이 되어야 한다." 마태 5,47-48

감동을 주는 사람

휘발유 값이 너무 올라서 경유를 먹는 차로 바꾸어야겠다고 말했더니 동창 김정환 신부가 말렸다. 이유는 간단했다. 돈이 더 들망정 환경을 위해서 가능하면 휘발유차를 타는 것이 신자답고 애국하는 길이란다. 자기는, 어차피 굴러다니는 버스나 택시를 주로 이용한다고 말하면서 교통카드를 보여주었다. '세상에 뭐 이런 골동품 같은 사람이 다 있는가!' 하는 표정을 지었지만 마음으로는 감탄하면서 박수를 쳐주었다.

골동품 신부가 사는 곳에서 얼마 떨어지지 않은 곳에 유등천이 흐르는데 그 신부와 만날 때면 가끔 하천길을 따라 산책을 하곤 한다. 며칠 전에는 함께 산책을 하다가 맘에 쏙 드는 교회 건물을 보았다. 건물 자체도 예쁜 데다 크기도 아담하고 주변과 조화를 이루고 있어 왠지 흐뭇한 기분마저 들었다. '세상에 이런 예쁜 교회도 있구나!' 싶었다. 수많은 교회 건물을 보아왔지만 마음에 들어 감탄하기는 처음이었다. 오죽하면 까다로운(?) 골동품 신부가 정말 예쁘다고 칭찬했을까!

골동품 신부와 예쁜 교회 덕분에 연거푸 감동했는데 감동은 계룡산에서 또 이어졌다. 이런저런 일로 인해 머리가 복잡하고 지칠 때 산책 삼아서 찾는 곳이 갑사甲寺다. 갑사는 음식점과 숙박시설들이 비교적 많지 않아 덜 상업화된 느낌이라 좋다. 그리고 절 입구까지 양쪽으로 줄지어 서있는 고목古木들이 지친 사람을 넉넉히 끌어안아 주는 것 같아 매력이 있다. 더구나 절 바로 옆에 전통찻집이 있는데 그곳에서 녹차 한 잔을 마시고 있노라면 세속의 때가 정화淨化되는 느낌마저 든다. 그래서 갑사가 좋다. 하지만 등산

할 경우에는 상하신리 등산로를 즐겨 찾는다. 주차비와 문화재 관람료를 낼 필요가 없는 이점도 있지만 그것보다는 인적人跡이 드물어 사색하기 그만이다. 어제도 갔는데 우연히 소달구지를 타고 가는 할아버지를 보았다. '세상에, 21세기 도심 근처에서 소달구지라니!' 밀려드는 감동을 주체할 수 없어 잠시 그 자리에 멈추었다.

이렇게 '세상에!' 하면서 감동하는 일이 많았으면 좋겠다. 사람 때문이든 건물이나 그 밖의 다른 무엇 때문이든 관계없다. 작은 것이어도 상관없다. 감동하는 일이 많았으면 좋겠다. 아니, 감동하는 일이 많을 뿐만 아니라 감동을 주는 사람이고 싶다. 많은 사람들이 각박한 삶을 살고 있기 때문이다. 사실 현대인들에게 가장 필요한 것 중에 하나가 감동이다. 우리 마음에 평화와 힘을 주는 감동! 바로 그런 감동을 주고 싶고, 받고 싶고, 살고 싶다.

"길에서 우리에게 말씀하실 때나 성경을 풀이해 주실 때 속에서 우리 마음이 타오르지 않았던가!" 루카 24,32

사람 중심

여름이 지나고 가을 문턱에 들어설 무렵이면 서울신학교 동창신부들이 대전을 들르곤 한다. 자주 만날 수 없는 소중한 친구들이기에 대전 동창들은 융숭한 대접을 하려 애쓴다. 융숭한 대접이라고 해봐야 함께 소주잔 기울이며 신학교 시절을 추억하는 것이 고작이지만 그것만으로도 동창신부들은 행복해한다. 최근에도 몇몇 동창들이 왔는데 그중에 의정부교구 도현우 신부가 술을 마시다가 진지하게 이런 말을 했다. "너는 일 중심이니? 사람 중심이니?" 갑작스런 물음에 잠시 머뭇거렸으나 이내 "당연히 사람 중심이지!"라고 단호하게 말했다.

그 말을 기억하고 있었던 탓일까? 나는 결코 '사람 중심'이 아니라는 사실을 깨닫는 일이 생겼다. 같은 건물에서 일하는 직원들의 주소록을 새로 만들려고 하는데 곧 퇴직할 직원의 경우는 어떻게 하는 것이 좋겠느냐는 물음을 받았다. 나는, 직원의 퇴직이 불과 한 달도 남지 않았기에 새로 들어올 직원의 주소를 넣으면 좋겠다고 했다. 물론 퇴직할 직원을 만나면 양해를 구할 생각이었다.

그런데 미처 양해를 구하기도 전에 주소록이 코팅까지 되어 시설별로 나누어졌다. 퇴직할 직원은 당연히 서운해 했고, 그 감정을 나에게 솔직하게 토로했다. 그때, 미안하다고 표현했으면 좋았을 텐데 그렇게 하지 못했다. 오히려 급하고 못된 성질이 발동하여 "그런 것도 이해하지 못하니?" 다그치듯이 말하면서 자리를 떠났다. 처음에는 합리적으로 일을 처리했을 뿐이라고 여겼으나 생각을 하면 할수록, 그것은 '일 중심'이지 결코 '사람 중심'이 아니었다.

부끄럽고 미안한 생각이 들었다. 곧 퇴직할 사람이라 하더라도 아직은 직원임에 틀림없다. 그렇다면 그 사람의 이름과 주소를 명단에 올렸어야 했다. 그래야 '사람 중심'으로 지내는 것이다.

'주님 없이 이룬 성공보다 주님과 함께한 실패가 낫다'라는 말이 있다. 그저 일만 잘하려고 하면 사랑이 결여되기 쉬움을 지적하는 말이다. 세상 사람들은 너 나 할 것 없이 최고가 되려고 한다. 전부 일등이 되려고 한다. 세상이 일 중심으로 가는 것도 그것과 같은 맥락이다. 그렇기 때문에 교회는 사람 중심이어야 한다. 사제는 사람 중심이어야 한다. 중요한 것은 일의 성패가 아니라 사랑이다.

"형제애로 서로 깊이 아끼고, 서로 존경하는 일에 먼저 나서십시오."
로마 12,10

중독

죽였다. 4년 넘도록 몸의 일부처럼 지니고 다녔던 휴대전화기를 죽였다. 그러자 주변 사람들이 이구동성으로 물었다. "왜 그런 짓을…?" 그 물음에 "요금 낼 돈이 없어서!"라고 답했지만 그것은 그냥 웃자고 하는 말이고 사실은 자유롭고 싶어서였다. 외출할 때 가끔 휴대전화기를 챙기지 못하면 그럴 때마다 허전해하고 심지어 약간 불안해하기까지 하는 내 모습이 싫었다. 그리고 내 정신의 안테나가 휴대전화기를 매개체로 항상 바깥을 향하고 있다는 것이 께름칙했다. 심각한 정도는 아니지만 중독이라는 생각이 들었다. 그래서 나에게 꼭 필요한 도구인지 자문했고 비교적 어렵지 않게 해지할 결정을 내렸다. 해지한 지 보름쯤 지났는데 아직까지 불편함보다 오히려 자유로움을 맛보고 있다. 다만 주변 사람들에게 불편을 주는 것 같아 미안할 따름이다.

그건 그렇고, 중독현상이 우리 삶 곳곳에 퍼져있다는 생각이 든다. 얼마 전 우연한 기회에 MBC 드라마 〈대장금大長今〉을 보았는데 단번에 빨려들 만큼 재미있었다. 평소 텔레비전을 즐겨 보는 편이 아닌데 나도 모르는 사이에 대장금에 깊이 빠져버린 것 같다. 이 글을 쓰고 있는 지금도 텔레비전에서는 드라마 방영을 앞둔 광고가 나오고 있다. 이제 곧 광고가 끝나고 드라마가 시작될 것이다. 아마도 원고를 쓰겠다고 생각했던 처음의 의지가 무너지지 않을까 싶다.

아니나 다를까! 드라마가 방영되는 동안 단 한 글자도 쓰지 못했다. 그 일은 이미 엊그제 있었던 과거의 일이 되었다. 또 다른 중독에 걸렸나 보다. 도대체 빠져들지 않아도 될 것에는 왜 이렇게 쉽게 빠져드는 것일까? 물론 휴대전화

기를 이용하거나 특정 텔레비전 드라마를 즐겨 보는 것이 죄가 되거나 나쁜 것은 아니다. 그러나 선善을 행하는 데는 더디면서 그렇지 않은 일에는 쉽게 중독 현상을 보이는 인간 성향에 대해서 생각해 본다.

나무들이 저마다 잎새를 떨구면서 스스로를 비우는 계절이다. 그런데 어떤 나무들은 누런 잎새를 붙들고 놓지 않는다. 그런 나무들은 좀 지저분하다. 나무도 사람도 때가 되면 붙들고 있던 것들을 놓을 줄 알아야 한다. 그래야 자유로워지고 홀가분해질 수 있다. 언젠가 우리는 생명과도 이별해야 하는 존재다. 죽어야 하는 것이다. 멋지게 죽고 기쁘게 죽으려면 미리미리 훈련해야 하지 않겠나!

"선을 바라면서도 하지 못하고, 악을 바라지 않으면서도 그것을 하고 맙니다. 그래서 내가 바라지 않는 것을 하면, 그 일을 하는 것은 더 이상 내가 아니라 내 안에 자리 잡은 죄입니다." 로마 7,19-20

신앙형 인간

교구장 주교님이 교구청 신부들에게 「아침형 인간」을 읽어보라고 권하셨다. 이래저래 미루다가 사순 시기가 시작될 무렵 책을 읽기 시작했는데 시작과 동시에 끝을 보았다. 내가 책을 읽었다기보다는 책이 나를 붙잡고 삼켜버렸다는 느낌마저 든다. 하느님께서 참으로 적절한 시점에 맞춤형 선물을 내리신 것 같다. 그리고 그 은총의 선물은 내 생활에 변화를 가져다주었다.

4시 59분이 요즈음 내 기상 시간이다. 5시가 아니고 왜 하필 4시 59분일까? 그것은 5시 이전에 일어나는 것이 좋다고 한 책의 내용 때문이기도 하거니와 그보다는 어떤 물건을 49,900원에 파는 사람들의 심리에 기인한다. 정말 일찍 일어나는 것처럼 보이지 않는가! 아무튼 그 시간에 일어나 국장 신부님과 함께 아침기도와 미사를 드리고 가까운 계족산을 찾아 가볍게 등산을 하는 것으로 하루를 연다. 그리고 시간이 허락되면 저녁나절에도 갑천에서 9킬로미터 정도를 속보로 걷는다. 하루에 약 15킬로미터 정도를 걷는 셈이다. 그러고 나면 10시가 되기 전에 졸음이 쏟아지고, 제아무리 용을 쓰고 버텨도 도저히 12시를 넘기지 못한다. 그래서 저녁 회식 자리도 자연스럽게 1차로 끝낸다. 모임 때마다 앞으로 2차는 없다고 선언하자 누군가가 식당 아주머니에게 이렇게 물었다. "아줌마! 이 집 몇 시까지 영업하지요?" 1차를 길게 할 요량이다.

그래 봤자 어림없다. 나는 생각보다 독한 놈이다. 변화된 생활이 아직 익숙하지는 않지만 하루를 상쾌하고 여유 있게 시작할 수 있고, 건강관리도 되는 데다 뿌듯한 느낌마저 들기 때문에 계속할 생각이다. 무엇보다 기도시간이 조금

늘어났다. 그 이유 하나만으로도 지속할 이유는 충분하다. 게다가 지속여부를 놓고 직원들과 근사한 식사 내기를 했다. 내기에 이기기 위해서라도 계속할 생각이다.

사람마다 개인차가 있고 주어진 여건이 다르기 때문에 무조건 '아침형 인간'을 강요할 수는 없다. 그러나 주님의 말씀을 지키면서 살려면 올빼미형 인간보다는 아침형 인간이 답이다. 사실 늦은 밤까지 잠을 이루지 않고 하는 일들이 신앙인의 삶에 도움이 되면 얼마나 되겠는가! 아침형 인간의 생활은 주님의 말씀을 지키게 해주고, 그럼으로써 깨끗한 길을 갈 수 있도록 도움을 준다고 확신한다. 그렇다면 아침형 인간은 신앙형 인간이 가야 할 길인 셈이다.

"젊은이가 무엇으로 제 길을 깨끗이 보존하겠습니까? 당신의 말씀을 지키는 것입니다." 시편 119,9

가끔은 미쳐도 좋다

누구라고 밝혀서 미안하지만, 사랑하는 사회사목국장 강길원 신부님이나 존경하는 교정사목 맹세영 신부님은 많은 사람이 타고 있는 조용한 엘리베이터 안에서 오늘도 어김없이 별명으로 나를 부른다. "봉달아!" 그럴 때마다 모르는 척하는데 그래 봤자 소용없다. 손으로 내 몸을 흔들면서 "봉다라아~왜 모른 척해?"라고 장난기 섞인 억양으로 다시 부르기 때문이다. 그러면 여기저기서 키득키득 웃음 참는 소리가 난다. 기왕 들통 난 김에 나도 돌멘소리로 한마디 거든다. "아, 진짜! 사람들 많은 데서는 그렇게 부르지 말라니까! 저도 소셜 포지션social position, 사회적 지위이 있다구요!" 그 순간 키득거리던 소리가 웃음으로 변한다.

아무튼 촌스럽지만 친근감을 주는 별명인 것 같다. 그런데 그 별명 말고 신학생 때 붙여진 또 다른 별명이 있다. '나주교'라는 별명이다. 아무래도 덕망이 출중해서 생긴 별명이 아닌가 싶다. 아닌가? &^$#@! 어쨌거나 그 별명은 종종 나의 묵상거리다. 왜냐하면 '나주교'를 잘못 발음하면 '나죽여'가 되는데 과연 나를 죽이면서 살고 있는지 의심스럽기 때문이다.

지난 여름휴가에는 자전거 여행을 떠났다. 목적지는 동창들이 본당신부로 부임해 있는 천안, 아산, 응봉, 서산이었다. '나주교'로서의 본분을 다하기 위해, 그리고 '나죽여'를 실천하기 위해 자전거를 운송수단으로 하는 사목방문을 기획한 것이다. ("주교님! 무례한 표현을 용서하십시오!") 대부분 신설본당인 데다 첫 본당신부 발령이라 사목을 잘해주길 바라는 지향으로 힘차게 페달을 밟았다. 갑작스런 방문인데도 동창들은 융숭한 대접을 아끼지 않았다. 그리고 격려하는 뜻으로 꼭 이 말을 했다. "너, 미쳤냐? 이 무더위에!"

가끔은 미쳐도 좋다고 본다. 사실 고생을 사서 하는, 자기를 죽이려고 하는 미친 짓은 편한 것만을 추구하려는 현대인에게 절실히 필요한 게 아닐까! 올 여름에 미친 짓 하는 사람들을 많이 봤다. 휴가를 내고 장애인 캠프 자원봉사를 하는 사람들, 이웃에게 웃음을 선사하기 위해 스스로 망가지는 사람들, 좋은 일에 써달라고 후원해 주는 사람들이 바로 그들이다. 그런 사람들 덕분에 소외되기 쉬운 분들이 그나마 밝게 웃으며 즐거워할 수 있는 것 같다. 정말이지 그런 미친 사람들이 많아지면 좋겠다. 그래야 살맛나는 세상이 된다. 그런데 미치려면 제대로 미쳐야 한다. 괜히 남이 알아주길 바라거나 얼굴 찡그리고 투덜거리며 하는 봉사는 그야말로 진짜 미친 짓이다. 죽으려면 철저히 죽어야 한다.

"밀알 하나가 땅에 떨어져 죽지 않으면 한 알 그대로 남고 죽으면 많은 열매를 맺는다." 요한 12,24

단골손님

국어사전에서 '단골'이라는 말을 찾아보았더니 "늘 정하여 놓고 거래를 하는 곳"이란다. 틀린 풀이는 아니지만 딱딱한 느낌이 든다. 다른 것은 몰라도 '단골'이라는 용어에 대한 해설만큼은 정겨움이랄까 푸근함 같은 것이 배어있어야 할 것 같다. 왠지 모르게 그런 생각이 든다. 왜 그럴까?

오정동에 살면서 단골로 다니는 음식점이 몇 군데 있다.

주로 직원들이나 봉사자들과 함께 가는데 우리 집에서 가장 가까운 곳으로 〈굴렁쇠 돌구이〉라는 식당이 있다. 이 집에서는 삼겹살과 닭볶음탕 등을 파는데 가깝기도 하거니와 인심이 좋아서 자주 다니는 편이다. 최근에 연거푸 몇 번 가서 팔아주었더니 주인아주머니가 이런 말씀을 하셨다. "조만간 또 오슈! 닭볶음탕 공짜로 드릴게!" 말씀만으로도 괜히 기분이 좋아지고 더 자주 찾고 싶은 생각이 들었다. 물론 말만 하고 기분 좋아하는 선에서 그치지 않았다. 직접 담갔다는 죽순주와 함께 엊그제 공짜 대접을 받았다. 유난히 맛있는 닭볶음탕이었다.

〈오정동 해장국〉이라는 또 다른 단골집에서는 얼마 전에 음식 값이 23,000원 나왔는데 주인아주머니가 3,000원을 깎아주기도 했다. 그리고 〈건맨〉이라는 호프집도 빼놓을 수 없는 단골집인데 날마다 정월 초하루다. 가볍게 마실 것 같은 눈치면 주문한 안주를 푸짐하게 차려오고 그렇지 않을 경우에는 거의 서비스 안주를 등장시킨다. 이렇듯 단골집은 특별 대접이 있어서 정겹고 푸근하다.

단골집 주인 처지에서 볼 때 봉달이는 반가운 단골손님

이다. 내가 찾아가면 찾아갈수록 주인은 좋아한다. 그리고 친절과 서비스를 아끼지 않는다. 물론 음식을 자주 팔아주기 때문이겠지만 이유야 어찌 되었든 단골집은 나를 반긴다. 그렇기 때문에 나는 또다시 단골집을 찾는다. 말하자면 서로에게 좋은 일인 셈이다.

하느님 처지에서도 마찬가지일 것 같다. 지극히 인간적인 계산법인지 모르겠지만 미사참례나 교회 활동에 적극적인 사람, 나눔을 지속적으로 하는 사람들을 하느님은 단골손님으로 간주하고 좋아하시지 않을까! 그뿐 아니라 음식점 주인처럼 하느님께서도 단골손님에게 특별한 서비스를 준비하고 계시지 않을까! 보나 마나다. 하느님도 단골손님을 좋아하신다.

"선행과 나눔을 소홀히 하지 마십시오. 이러한 것들이 하느님 마음에 드는 제물입니다." 히브 13,16

집중

공을 가지고 하는 운동을 할 때, 선수에게 요구되는 것 중에 하나가 공에 대한 '집중력'이다. 날아오는 공을 칠 때 되받아 치는 도구가 야구 방망이든 테니스 라켓이든, 손이든 발이든 상관없이 공을 끝까지 바라봐야 한다. 그래야 좋은 결과를 낼 수 있다. 골프는 움직이는 공이 아니라 놓여있는 공을 치는 운동이다. 골프에는 '헤드 업 head up을 하지 말라'는 말이 있다. 머리를 들지 말라는 뜻인데 이 역시 공에 대한 집중력을 요구하는 말이다. 선수들은 공을 치는 동시에 고개를 들어 공이 날아가는 쪽을 바라보는 경향이 있는데 그렇게 하면 좋지 않다고 한다. 흔히 '임팩트impact 순간'이라고 표현하는데 공을 때리는 바로 그 시점에 시선을 끝까지 집중해야 한다는 것이다. 사실 공을 가지고 하는 모든 운동은 임팩트 순간에 얼마나 집중하느냐에 따라 결과가 좌우된다고 해도 과언이 아니다.

스포츠뿐만이 아니다. 사람과 사람 사이의 관계에서도 마찬가지다. 임팩트 순간에 집중하지 않으면 낭패를 볼 수 있다. 예를 들면 이런 경우다. 여러 사람과 악수를 하면서 인사를 나누는 상황이 누구에게나 생길 수 있다. 그럴 때에 '봉달이'라는 사람과 악수를 하면서 시선은 벌써 옆에 있는 '길빵이'에게 가는 수가 있다. 말하자면 '헤드 업'을 하는 경우다. 의도적인 것은 아니라 하더라도 '봉달이'는 기분이 상할 수 있다. 기분이 상한 '봉달이'는 인사를 나눈 그 사람을 좋게 평가할 리 없다. 결국 그것은 인사를 나누는 것이 아니라 서로를 죽이는 것이다. 얼마나 안타까운 일인가! 악수를 하는 시점이 인사를 나눌 때의 임팩트 순간이다. 그러니까 악수할 때는 집중해야 한다. 시선과 마음까지도 상대방에게 집중해야 한다. 그래야 좋은 결과를 가져올 수 있다.

수화手話 중에 '집중'이라는 단어는 간단한 동작이라서 기억하기가 쉽다. '앞으로 나란히' 자세를 취하되 손바닥과 손바닥 사이를 점점 좁히는 손 모양이 '집중'이라는 수화표현이다. 물론 이때 시선은 좁아지는 공간에 고정하는 것이 좋다. 나 자신에게 묻는다. 좁은 그 공간에 하느님이 자주 계신가? 내 시선이 머무는 자리에 어려운 이웃이 있는가? 혹시 '헤드 업' 하고 있지는 않은가?

"자녀 여러분, 말과 혀로 사랑하지 말고 행동으로 진리 안에서 사랑합시다." 1요한 3,18

바보 같은 하느님

〈노브레인 서바이벌〉이라는 텔레비전 오락 프로그램이 있었다. 거기에 정준하, 문천식이라는 개그맨이 나오는데, 이들은 바보처럼 거의 모든 퀴즈 문제에 답을 맞히지 못한다. 아마도 그런 이유 때문에 제목이 '노브레인 서바이벌'인 것 같다. 아무튼 '노브레인'이라는 말은, 'No-없다', 'Brain-뇌', 그러니까 '뇌가 없다', '생각이 없다'라는 의미다. 말하자면 바보라는 뜻이다. 불경스러운 표현이 될지 모르겠지만 노브레인 중에 으뜸은 하느님이 아닌가 싶다. 하느님은 생각이 없고 바보 같다는 말이다. 왜 하느님은 노브레인일까?

감명 깊게 읽은 책 중에 「사람에게 비는 하느님」이 있다. 제목만 봐도 알 수 있다. 우리는 사람이 하느님께 빈다고 생각하는데 책에서는 오히려 하느님이 사람에게 빈다고 한다. 제발 사랑하라고, 제발 용서하라고, 제발 회개하라고, 제발 나눔을 실천하라고 하느님께서 사람에게 빈다는 것이다. 마음으로부터 공감이 가는 내용이다. 하느님은 그런 분이시기 때문에 노브레인, 바보 같다.

사실 하느님이 인간을 포함한 세상 만물을 창조하셨는데 도대체 뭐가 아쉬워서 인간에게 비시느냐 말이다. 내가 만일 하느님이라면 지랄 같은 성질이 발동하여 마음에 들지 않는 사람들을, '그냥 모조리 확~' 쓸어버릴 것 같다. 그런데 하느님은 바보처럼 우리에게 빌고 계시고, 이제나저제나 마음을 돌이키길 기다리고 계신다. 우리가 하는 짓이 마음에 들지 않아도 쉽게 성내지 않으시는 분, 오히려 바보처럼 기다리시는 분, 그분이 바로 하느님이시다. 그분은 어쩌면 무릎까지 꿇고 빌고 계신지도 모른다. 그렇기 때문에 하느

님은 노브레인이시다.

사랑해야 한다. 용서해야 한다. 회개해야 한다. 나눔을 실천해야 한다. 그래야 하느님이 더 이상 바보처럼 빌지 않으실 수 있다. 그래야 하느님이 노브레인이 되시지 않는다. 사실 하느님께 노브레인이라고 표현하는 것이 불경스러운 것이 아니라, 사랑하지 않고 용서하지 않고 회개하지 않고 나눔을 실천하지 않는 것이 불경스러운 것이다.

점점 무더워지는 날씨 탓인지 요즈음 짜증 내는 사람을 자주 보게 된다. 짜증 내지 않고 지내는 것도 하느님을 노브레인으로 만들지 않는 한 가지 방법이 아닐까? 이제 우리가 무릎 꿇고 빌어야 한다. 더 이상 하느님을 노브레인으로 만들지 말아야 한다!

"들어가 몸을 굽혀 경배드리세. 우리를 만드신 주님 앞에 무릎 꿇으세. 그분은 우리의 하느님 우리는 그분 목장의 백성 그분 손수 이끄시는 양 떼로세." 시편 95,6-7

돈독

돈독이 올랐나보다. 가계부를 쓰기까지 하는 것을 보면 틀림없다. 모임에서 주저하지 않고 계산하던 내가 요즘엔 외식 자체를 삼가는 편이고 외식을 하더라도 저렴한 식당을 찾는다. 전에는 낯간지러워서 하지 못하던 말도 서슴지 않고 내뱉는다. "오늘은 네가 한턱 내는 거니?" 가끔은 쇼핑을 하다가 필요한 물건을 선뜻 사기도 했다. 그런데 요즘엔 어림도 없다. 있는 것을 아껴 쓰면 된다는 주문을 왼다. 심지어 '운동 삼아 걷는 거야'라고 생각하면서 상당한 거리를 걷기까지 한다. 그런데 운동도 운동이지만 마음 한구석에는 택시비를 아끼려는 의도가 감추어져 있다. 크고 작은 생활의 변화가 증명하듯 돈독이 오르긴 오른 모양이다.

신학생 때부터 가졌던 생활신조 중 하나가, 필요에 의해 통장을 가지고는 있겠지만 돈을 일정 금액 이상 모으지는 않겠다는 것이었다. 신부가 돈이 많아지면 신부답지 못할 가능성이 크다고 배웠기 때문이다. 적어도 그동안은 나름대로 그 원칙을 잘 지켜왔다. 그런데 언제가 되든 자동차를 바꿔야 할 시기가 올 터인데 그때 누구에게도 의존하지 않고 내가 모은 돈으로 내가 타고 싶은 차를 구입하겠다는 마음을 먹으면서부터 나도 모르게 돈독이 스며들었다. 그리고 그 독기毒氣는 오랫동안 지켜왔던 생활신조를 수정하게 했고 생활방식까지도 바꾸어 놓았다.

마음에 드는 차를 소유하고자 돈을 모으는 것 자체는 나쁜 일이 아니다. 그것은 마냥 헤프기만 했던 쓰임새가 규모 있게 변한 것만 봐도 알 수 있다. 그러나 돈을 모아보면서 깨달은 사실이 있다. 돈독이 오르면 인색해지기 쉽다는 것이다. 움켜쥐려는 마음이 클수록 나누려는 마음은 줄어들기 마련이다. 적어도 하느님께 되돌릴 것과 이웃과 나눌 것만큼은 미리 떼어두는 지혜가 필요하다. 그러지 않으면 돈독은 말 그대로 독毒이 될 수 있을 것 같다. 재물이라는 것이 남을 위해서만 쓸 수 있는 성격의 것은 아니다. 그렇다고 자기만을 위해서 쓰는 것은 더욱이 안 될 말이다. 자기를 위해서도, 남을 위해서도 기쁘게 쓸 줄 아는 지혜가 필요하다. 그런데 돈에 집중하다 보면 그런 지혜는 자취를 감춘다. 요즘 말씀을 받아 삼키고 계속해서 숙성시키는 버릇을 했더니 그나마 독毒 기운이 정화되는 느낌이다.

"자신에게 악한 자가 누구에게 관대하겠느냐? 그는 자기 재산도 즐기지 못한다. 자신에게 인색한 자보다 더 악한 자는 없다." 집회 14,5-6

주면서
먹으라고
해야

'요셉의마을'에는 노인 요양시설인 '요셉의집'과 치매 어르신을 모시는 '성요셉치매센터'가 있다. '성요셉치매센터'는 지난 연말에 〈기억의 황혼〉이라는 제목의 한 시간짜리 프로그램으로 MBC 방송에서 소개된 바도 있다. 이 두 시설에서 생활하시는 어르신들이 백 명이 넘고 수녀님들과 직원들을 합하면 거의 이백 명 가까운 식구들이 요셉의마을에서 생활하고 있다. 전부가 가톨릭 신자는 아니지만 대부분 신자이기 때문에 주일마다 그곳에서 미사가 있다. 그런데 어르신들을 모시고 있는 시설인 만큼 가끔 재미있는 일들이 생긴다.

언제부턴가 새로운 얼굴의 할머니가 미사에 나오기 시작하셨는데 그분은 세례를 받지 않은 분이었다. 그래서 그런지 미사 중간쯤에 "언제 끝나능겨?"라는 말이 들려올 때가 있었다. 그때마다 할머니 근처에 앉은 직원들은 소리죽여 키득거리곤 했다. 그러나 경건한 미사를 봉헌하는 신부가 미사 중간에 웃을 수도 없는 일이라 그저 이를 악물고 꾹 참았다. 성체분배를 할 때는 성당을 한 바퀴 돌면서 우선 거동이 불편한 어르신들부터 성체를 영할 수 있도록 해드리는데 그 할머니 곁을 지날 때마다 할머니는 말씀하셨다. "뭐여? 나는 안 줘?" 빙그레 웃으며 할머니를 뒤로할 수밖에 없었다. 그러던 어느 날, 할머니 곁을 지나면서 성체를 드리는 대신 손을 잡아드렸다. 그랬더니 어찌나 꽉 잡고 누르시던지 손이 아플 지경이었다. 아마도 그만큼 나를 괘씸하게 여기고 계셨던 모양이다. 뭔가 방법을 찾아야겠다고 생각한 것은 그때부터였다. 그런데 결정적인 일이 생겼다. "너희는 모두 이것을 받아먹어라!…" 또박또박 미사경문을 외우고 있는데 갑자기 이런 말씀이 들려왔다. "줘야 먹지!" 아주 작은 소리라 가까이에 있던 사람들도 잘 듣지 못했던 것 같다. 그러나 내 귀에는 확성기에 대고 하는 말처럼 들렸다. "줘야 먹지!" 웃음을 참기가 정말 힘들었고 동시에 가슴에 깊이 새길 만한 인상적인 말씀이었다.

그렇다. 먹을 것을 주면서 먹으라고 해야 한다. 주지도 않으면서 먹으라고 하는 것은 이치에 맞지 않는다. 성체를 드릴 수는 없지만 대신 사탕이라도 드렸어야 했다. 어쩌면 그 말씀은, 우리가 주지 않아서 먹지 못하고, 입지 못하고, 누리지 못하는 사람들의 외침을 대변하는 하느님의 말씀인지도 모른다. 주님께서는 분명히 말씀하셨다.

"주어라. 그러면 너희도 받을 것이다. 누르고 흔들어서 넘치도록 후하게 되어 너희 품에 담아 주실 것이다. 너희가 되질하는 바로 그 되로 너희도 되받을 것이다." 루카 6,38

도로 위의
사랑

2년 전 이맘때의 일이다. 차를 운전하여 집으로 돌아오는 길이었는데 어떤 중형 승용차가 "빵빵!" 소리를 내면서 규정 속도의 두 배 가까운 속력으로 내 옆을 스치듯 지나갔다. 도로가 좁아지는 구간이라 차선변경을 하려 했는데 하마터면 사고로 이어질 뻔했다. 순간적으로 화가 나서 나도 경적을 울리고 상향등을 번쩍거리면서 앞 차의 꽁무니를 추격했다. 곧이어 차량 정체로 멈추어 서있는 그 차 옆에 내 차를 갖다 댔다. 그리고 한마디 쏘아붙

이려고 창문을 내리고 운전자를 바라보았다. 그 순간 아찔했다.

우선 나는 혼자인데 저쪽은 두 명이었다. 그것도 육중한 체격에 머리를 짧게 자른 이른바 '깍두기 2인조'였다. 한눈에 봐도 조직폭력배임에 틀림없었다. 낭패가 아닐 수 없었다. 꽁무니를 쫓아왔으니 표정관리를 해야 하는데 난감했다. 그래도 기본적인 자존심은 있어서 혀를 차며 한번 째려보았다. 그러나 솔직히 마음은 떨렸던 것 같다. 아니나 다를까 녀석들은 눈에 힘을 주며 시비조로 말했다. "왜 그러는데?" 성질 같으면 한바탕 욕을 퍼부어도 시원치 않겠지만 이내 달려들 태세라 그냥 꼬리를 내리는 말투로 상황을 끝냈다. "왜 빵빵거리시냐구요?" '똥이 무서워서 피하냐? 더러워서 피하지!'라는 생각으로 스스로를 위로했지만 거듭 생각해도 망신스러웠다. 그러나 한편으로는 참으로 재미있고 익살스럽다는 생각에 혼자 피식피식 웃었다.

운전 중에 무례한 사람들을 심심치 않게 접한다. 담배꽁초를 거리낌 없이 창밖으로 던지는 사람, 차량의 흐름을 방

해하며 자기만 빨리 가려는 사람, 불필요하게 경적을 울리는 사람, 그리고 난폭하게 운전하는 사람 등이다. 그런 운전자를 대할 때마다 불쾌하다. 도대체 무슨 권한으로 사람을 화나게 만들고, 평화를 깨뜨리는지 모르겠다. 도대체 무슨 권리로 도로 위에서 남의 생명과 건강을 위협하는가 말이다. 사랑은 멀리 있지 않다. 누군가를 위해서 시간을 내고 노력봉사를 하는 것만이 사랑은 아니다. 운전을 하다가 양보를 하거나 불필요한 경적을 삼가는 것도 사랑이다. 특히 운전 중인 도로 위에서는 무례하게 굴지 않는 것도 사랑이다.

한창 젊은 나이에 교통사고로 인해 장애를 안고 살아가는 사람들이 적지 않다. 운전 미숙 때문이라면 모를까 행여 누군가의 무례한 운전으로 인해 불상사가 생기는 일은 더 이상 없었으면 한다. 꼭 그랬으면 좋겠다!

"사랑은 무례하지 않고 자기 이익을 추구하지 않으며 성을 내지 않고 앙심을 품지 않습니다." 1코린 13,5

똥 누러 갈 적 마음 다르고

응가가 급한데 당장 해결할 수 없는 상황을 맞이해 본 사람은 알 것이다. 그 고통의 절정에서 흘렸던 식은땀과 소름 끼치는 것 같은 전율, 1초가 얼마나 긴 시간인지를. 그리고 비록 해우소解憂所가 아닌 곳에서라도 순산(?)했다면 그때의 기쁨이 얼마나 큰 것인지도 잘 알 것이다. 낚시나 등산 갔을 때 그런 상황을 맞았던 기억이 몇 번 있다. 그리고 그때의 그 장소들을 생생하게 기억하고 있다. 만일 계룡산과 계족산, 그리고 몇몇 저수지 근처의 나무들이 잘 자라고 있다면 나의 공로가 실로 작지 않다. 사실 그런 기억은 굳이 들춰내고 싶지 않다. 그런데 함께 일하는 동료들이 최근에 보여준 모습은 과거의 아픈 추억을 되살리기에 충분했다.

얼마 전 시외에 갔다가 대전으로 돌아오는 길에 옆에 앉아있던 모세가 갑자기 배를 움켜쥐더니 더듬거리면서 이렇게 말했다. "시, 시, 신부님! 가까운 화, 화, 화장실 좀!" 경험이 풍부한(?) 나로서는 사태의 심각성을 금방 파악했다. 그러나 응급상황에서는 왜 그렇게 화장실 찾기가 어려운지…. 그런데 함께 있던 박 줄리아는 장난기가 발동했는지 신음에 가까운 소리를 내고 있는 모세의 배를 집중공략 협박하면서 여러 가지 공약을 받아냈다. 그러나 모든 공약公約은 화장실에서 나오는 그의 흐뭇한 표정으로 볼 때 예상했던 대로 공약空約임을 알 수 있었다.

그런데 신기하게도 오늘 완전히 반대의 상황이 전개되었다. 청주 성모병원에 문병하러 갔다가 돌아오는 고속도로 위에서 느닷없이 줄리아가 말했다. "휴, 휴, 휴게소가 아직 머, 머, 멀었나요?" 그러자 모세는 보복할 기회가 이렇게 빨리 올 줄은 몰랐다는 듯이 기뻐하며 예전에 당한 만큼 되갚아 주었다. 물론 공약公約도 받아냈으나 역시 빈 공약空約이었다. 함께 있던 신 안드레아도 덩달아 모세와 한 패가 되어 즐거워했는데 왠지 안드레아에게도 불길한 예감이 든다.

우리 속담에 '똥 누러 갈 적 마음 다르고 올 적 마음 다르다'라는 말이 있다. '위험이 지나가면 하느님을 잊어버린다Danger past, God forgotten'라는 서양 속담도 같은 뜻이다. 우리는 흔히 위기만 지나가게 해주시면 주님 뜻에 맞게 살겠다고 공약公約한다. 그러나 그때가 지나가면 언제 그랬냐는 듯 겁도 없이 약속을 잊고 산다. 약속은 지켜야 한다.

"우리는 성실하지 못해도 그분께서는 언제나 성실하시니 그러한 당신 자신을 부정하실 수 없기 때문입니다." 2티모 2,13

자극이 좋다

신학교 입학할 무렵 63킬로그램이던 정상 몸무게가 10년 후 신부가 되던 해에는 73킬로그램으로 과체중이 되었다. 1년에 평균 1킬로그램씩 불은 셈이다. 체중 증가는 거기서 그치지 않고 가속도를 내기 시작했다. 그래서 불과 3년여 만에 신부 되기까지 10년 동안 이룬 성과(?)와 맞먹을 만큼 많은 기름덩어리를 보유하기에 이르렀다. 그러던 어느 날 누구라고 정확히 밝힐 수는 없지만 대전교구 소속 '맹'씨 성을 가진 선배 신부님과 아침을 먹던 중 이런 대화를 나누었다.

“봉달아!”

“네?”

“너, 잘하면 얼굴 터지겠다!”

“❧ϟ♨💣☢☠”

3년 전쯤 있었던 엽기적인 그 대화를 기점으로 음식 섭취량을 줄이고 운동량을 꾸준히 늘려나갔다. 그랬더니 지금은 신부 되던 해의 몸무게보다도 오히려 적게 나간다. 게다가 배에 왕王자를 새길 욕심까지 부릴 만큼 기름덩어리도 많이 줄었다. 무엇보다 좋은 것은 얼굴 터질 염려가 없어졌다는 사실이다. 그렇게 되기까지 조깅이나 등산을 즐겨 했는데 때로는 살을 빼려는 조급한 마음에 운동을 무리하게 하기도 했다.

그런데 운동을 무리하게 할 때마다 느끼는 점이 있다. 우리의 몸은 항상성을 유지하기 위해 정도를 넘어서면 완강히 저항을 한다는 사실이다. 나만 그러는지 모르겠지만 운동을 무리하게 하고 나면 잇몸이 붓든지 아니면 발가락 사이에 티눈이 생기곤 했다. 아무래도 몸이 기존의 무게를 유지하려고 방해를 하는 것 같다. 만일 “잘하면 얼굴 터지겠다!”라는 식의 강렬한 자극이 없었다면 몸의 저항에 무릎을 꿇었을지도 모른다. 그만큼 방해는 막강했다. 그러나 어찌 되었든 그 자극 덕분에 기름덩어리를 물리쳤다. 그래서 자극이 고맙다. 그래서 자극이 좋다. (맹세영 신부님! 감사합니다. &^%$#@ ….)

우리가 짓는 죄도 마찬가지다. 이미 습관이 된 경우가 많기 때문에 그 관성으로 인해 죄를 저지르기는 정말 쉽다. 때때로 죄를 뉘우치고 거듭나기 위해 노력하지만 헛일이 되는 경우가 많다. 왜냐하면 항상성이라는 녀석이 다양한 형태로 완강하게 저항하기 때문이다. 그러면 어떻게 해야 한다는 말인가? 그리스도의 말씀이 답이다. 그리스도의 말씀 안에는 죄를 물리칠 자극제가 담겨있다. 한마디로 그리스도의 말씀이 자극제다.

“그리스도의 말씀이 여러분 가운데에 풍성히 머무르게 하십시오. 지혜를 다하여 서로 가르치고 타이르십시오.” 콜로 3,16

영양가 높은 것

성요셉치매센터에서 있었던 일이다. 어르신들의 숫자 인지능력 평가를 위해서 "할아버지, 10 빼기 2는 뭐예요?"라고 물었더니 "이를 빼면 피가 나지!"라고 대답하셨단다. 그래서 "사과 열 개가 있는데 두 개를 먹고 나면 몇 개가 남느냐구요?"라고 다시 여쭈었더니 "누가 내 허락도 없이 사과를 먹으라고 했어!"라고 버럭 화를 내셨단다. 반면에 어떤 분은 "두 개를 먹었어? 더 먹지 그래!"라고 인자하게 말씀하셨단다.

신학생 시절에 이런 일도 있었다. 당糖이 떨어져서 의식을 잃은 어느 자매님을 응급차에 태워 급히 병원으로 모셨다. 그때 응급실에서 자매님은 의식이 돌아오지 않았는데도 계속 성모송을 외우고 계셨다. 그 모습을 바라보면서 '평소에 얼마나 기도를 열심히 하면 저럴 수 있을까?'라는 생각을 했다.

치매에 걸리거나 의식을 잃는 상황이 나에게 생기지 않는다는 보장은 없다. 만일 그런 상황이 된다면 나는 어떤 반응을 보일까? 인자한 모습이라든지 기도하는 모습을 보일 수 있을까? 혹시 내부에 감추어져 있던 구린내 나는 것들이 튀어나오거나 버럭 화를 내지는 않을까? 상상만 해도 두렵고 아찔한 일이다. 의식이 있다면 어떤 식으로든 겉꾸밈을 시도하겠지만 의식을 통제하지 못하는 상황에서는 그 어떤 위선도 허락되지 않을 것이며, 평소의 모습들이 그대로 적나라하게 드러날 것이 분명하다. 과연 어떻게 살아야 할까?

자폐성장애를 가진 아이들을 만나는 일이 많아졌다. 이런 아이들은 대체로 언어 구사력이 떨어지는데 최근에 만났던 15세 남자아이는 상태가 좋은 편이라 말을 곧잘 했다. 그래서 주님의 기도를 한번 외워보라고 했더니 곧바로 이렇게 기도했다. "하늘에 계신 우리 아버님…!" '아버님'이라는 말에 웃지 않을 수 없었다. 모르긴 해도 천진난만한 그 기도를 듣고 하늘에 계신 아버지께서도 환하게 웃으시지 않았을까? 한 생애를 살면서 치매에 걸리거나 의식을 잃거나 장애를 갖는 상황은 빗겨갈 수 있을지 모른다. 그러나 그 누구도 빗겨갈 수 없는 상황이 있다. 바로 죽음이다. 죽음은 빗겨갈 수 없을 뿐 아니라 어떤 위선도 통하지 않는다. 단지 믿음의 정도와 얼마나 사랑하면서 살았는지에 대한 성적표만이 남는다. 그렇다면 가장 영양가 높은 가치는 믿음과 사랑이다. 죽은 다음에도 통하는 덕목이기 때문이다.

"믿는 이들에게는 죽음이 죽음이 아니요, 새로운 삶으로 옮아감이오니, 세상에서 깃들이던 이 집이 허물어지면 하늘에 영원한 거처가 마련되나이다." 위령감사송

2부

뜨거운 사람

나는 홀몸이 아니다

우리 몸속에는 나 아닌 다른 것들도 있다. 기생충도 그중에 하나인데 녀석들은 우리 몸에 도움이 되지 않기 때문에 꿈틀댈 때마다 지체 없이 죽여야 한다. 그런데 기생충을 박멸하는 데에는 네 가지 방법이 있다고 한다. 첫째는 기생충을 아사餓死시키는 방법인데 이것은 무조건 굶는 작전이다. 둘째는 질식사窒息死시키는 방법인데 방귀를 참아야 하는 아픔이 있다. 셋째는 익사溺死시키는 방법이고, 넷째는 압사壓死시키는 방법인데 각각 소변과 대변을 참아야 하는 고통과 함께 얼굴이 누렇게 뜨는 부작용이 따른다. 이 방법대로 실천하면 기생충을 죽일 수 있을지는 모르지만 기생충을 박멸하기 전에 내가 먼저 죽을지도 모른다.

그러나 우리 안에 있는 존재 중에 살려야 할 대상도 있다. 바로 예수님이시다. 어디라고 딱 짚어서 말할 수는 없지만 예수님은 분명히 우리 안에 계신다. 그런데 그분은 까다롭기 그지없다. 가리는 것이 정말 많은 분이다. 툭하면 '미움'과는 함께 있기 싫다고 하시고, '죄'와는 아예 원수를 맺었는지 녀석이 들어오려고만 해도 자취를 감추려 하신다. 완전히 고집쟁이다. 그래도 그분은 우리 안에 살아계셔야 한다.

얼마 전에 미사를 드리면서 성체를 모시고 성체분배를 하는데 갑자기 이런 생각이 강렬하게 들었다. '나도 그렇고, 지금 성체를 모시는 사람들도 그렇고 이제 홀몸이 아니구나!' 성모님은 예수님을 잉태했기 때문에 홀몸이 아니고 우리는 예수님을 우리 몸 안에 모셨기 때문에 홀몸이 아닌

것이다. 결혼생활을 해본 경험은 없지만 누구나 알고 있듯이 임신한 사람들은 가리는 것이 많다. 배 속에 든 아기를 위해서 약도 안 먹고, 술도 안 마시고, 건전하지 않은 생각이나 말이나 행동 등을 삼간다. 자기 몸보다도 순전히 배 속에 든 아기를 위해서 그렇게 한다. 사실 우리도 그렇게 해야 한다. 특히 거룩한 미사에 참례하여 성체를 모신 사람들은 아주 특별한 신비로 홀몸이 아니기 때문에 자기 안으로 들어오신 그분을 위해서 이것저것 가려야 하고 건전하지 않은 것은 삼가야 마땅하다. 한 해를 시작하는 새해 첫 달이다. '나는 홀몸이 아니다'라는 마음으로 한 해를 살고 싶다.

"우리는 그리스도의 동료가 된 사람들입니다. 처음의 결심을 끝까지 굳건히 지니는 한 그렇습니다." 히브 3,14

마음만
고쳐먹어도

출퇴근 시간을 이용하여 운전 중에 묵주기도를 한다. 그런데 운전을 하면서 묵주기도를 바치는 것은 아무 문제가 없지만 묵주기도를 바치면서 운전하는 일은 가끔 문제를 일으킨다. 이를테면 이런 식이다.

"은총이 가득하신 마리아님! 기뻐하소서! 저런~ 썅~."

" … 💡(삑) … ☺(씩) ."

"주님께서 함께 계시니~."

무례한 자동차가 지나가면 기도 중인 것을 깜박 잊고 "저런~ 썅~"과 같은 불경스런 말을 나도 모르게 내뱉는다. 곧이어 머리에 '삑' 하면서 불이 켜지고 기도 중이었다는 사실을 깨달으며 죄송스런 마음이 된다. 하지만 그 상황이 재미있어서 '씩' 웃는다. 이어서 후반부 기도문을 왼다. 어쩌면 그런 일 한번쯤은 애교로 봐줄 수 있으리라 본다. 그러나 두세 번 반복되었기 때문에 묵주기도를 바치면서 운전하는 것을 그만둘까도 생각했다. 하지만 더러운 내 성질머리에 묵주를 들고 있었으니 그 정도지 더 험한 말과 행동이 표출될 수도 있다는 생각이 들었다. 그래서 계속하기로 했다. 마음을 고쳐먹은 것이다. 그랬더니 아무 문제 없었다. 마음만 고쳐먹어도 문제가 없어진다.

오정동 대전가톨릭사회복지회관 주변은 생선가게가 많다. 그래서인지 고양이도 많다. 녀석들이 마당을 어슬렁거리며 지나갈 때마다 어김없이 불러세우는데 이름을 모르기 때문에 그냥 "고양이!" 하고 부른다. 녀석들은 그때마다 우선멈춤은 하지만 곱지 않은 내 눈길이 싫은지 '왜 부르는데?'라는 표정으로 가던 길을 마저 간다. 녀석들을 바라보는 내 눈길이 사나운 이유는 딱 하나다. 사무실 입구에 놓여있는, 신발 바닥 닦는 깔판이 따뜻하기 때문일까? 고양이는 어디선가 물어온 생선을 밤사이 거기에 올려놓고 먹는데 처먹기만 하고 늘 뒤처리를 하지 않는다. 그래서 도저히 곱게 봐줄 수가 없었다.

그러던 어느 날 한 녀석이 성모상 밑에서 편안히 쉬고 있었다. 그 모습이 얼마나 귀엽고 예쁜지, 마치 자기도 신앙이 있고, 어머니이신 마리아를 공경하며, 그분의 품이 따뜻하고 그래서 마냥 좋다는 것 같았다. 그때부터 마음을 바꿔먹었다. 퇴근 전에 잊지 않고 깔판을 사무실 안에 들여놓기로 했다. 미움의 싹을 치운 것이다. 마음만 고쳐먹어도 문제가 없어진다.

"회개하고 하느님께 돌아와 여러분의 죄가 지워지게 하십시오." 사도 3,19

짤 때는 짜더라도
쓸 때는 써야 한다

친한 사람들은 나를 '봉달이'라 부른다. 얼마 전 경 주교님도 나를 '봉달이'라 부르셨는데 듣기 좋았다. '봉달이'라는 별명은 이름으로 불릴 때보다 친근함이 느껴져서 좋다. 그런데 최근에 새로운 별명이 생겼다. 몇몇 사람들이 나더러 '바다'라고 부르기 시작했다. 그것도 그냥 바다가 아니라 '사해바다'란다. 바다는 짜다. 더구나 사해바다는 물고기가 살 수 없을 정도로 짜다. 그래서 바다 이름이 죽을 '사死', 바다 '해海' 아닌가! 결국 새로 생긴 별명은 봉달이는 짠돌이라는 말이다. 과연 봉달이는 '사해바다'인가? 아니라고 하고 싶지만 사실이 그렇다. 봉달이는 모든 일에 있어서 웬만하면 돈을 아끼는 방향으로 결정한다.

"인쇄 맡길까요?"

"그냥 복사해서 쓰지 뭐!"

"컴퓨터가 말썽인데 새 것으로 바꾸면 안 될까요?"

"부품을 교체하면 안 되겠니?"

"바닥 장판이 많이 찢어졌는데…."

"청 테이프 붙여 쓰자!"

"복사기가 수리를 맡겨도 그때뿐이에요."

"옆 사무실 멀지 않다!"

더 심한 사해바다 짓도 많지만 그것마저 밝히면 차마 얼굴을 들고 다니지 못할 것 같다.

개인적인 면에서는 다를 수 있지만 적어도 공적인 면에서 봉달이는 '사해바다'임에 틀림없다. 그런데 그럴 수밖에 없는 것이 이 돈은 매달 오천 원, 만 원씩 보내주시는 후원자들의 정성이 아닌가? 복권이 당첨되어 생긴 돈이라면 몰라도 그렇게 모인 값진 돈을 어찌 아껴 쓰지 않을 수 있겠는가?

요즘 '사해바다'는 그토록 아꼈던 돈을 장애인 공동생활 가정을 만드는 데 공사비로 쏟아붓고 있다. 가장 필요한 곳에 우선 쓴다는 생각으로 바닥까지 긁으며 아낌없이 쓰고 있다. 모름지기 짤 때는 짜더라도 쓸 때는 써야 한다. 지적 장애인들이 사회의 한 구성원으로서 당당히 살아가는 법을 그곳에서 배운다고 생각하면 잘 꾸며주고 싶은 욕심이 자꾸 생긴다. 그래서 지금이 쓸 때라고 생각하고 쓰는 것이다. 그러나 조만간 봉달이는 또다시 짠돌이가 될 것이다. 또 다른 많은 일들이 기다리고 있기 때문이다. 성경에 보면 짠돌이가 되라는 뜻은 아니지만 예수님은 소금이 되라고 말씀하셨는데 어찌 되었든 '봉달이'는 소금이다. 그것도 '사해바다' 소금이다. 그래서 이 별명도 싫지 않다. 그나저나 세상의 소금이 되어야 하는데….

"너희는 세상의 소금이다. 그러나 소금이 제 맛을 잃으면 무엇으로 다시 짜게 할 수 있겠느냐? 아무 쓸모가 없으니 밖에 버려져 사람들에게 짓밟힐 따름이다." 마태 5,13

리모델링의 대상

까만 신부님들이 많다. 일일이 열거할 수 없을 정도로 많다. 봉달이는 까만 신부님들과 인연이 많아 줄곧 가까이 지낸다. 누구라고 콕 꼬집어 말하면 나중에 한 대 얻어맞겠지만 서천본당 곽명호, 금산본당 유탁준, 사회사목 강길원, 교정사목 맹세영 신부님 등이 그분들이다. 먹을 가까이하는 자는 검어진다고 했듯이 그분들을 가까이함으로써 봉달이가 검어진 것은 아닐까? 봉달이는 지금 매를 벌고 있다.

그런데 까만 신부님들 대부분은 얼굴만 까만 데 비해 봉달이는 발끝부터 머리끝까지 일관성 있게 검다. 모름지기 사람은 겉과 속이 일치해야 하는 법이다. 말은 이렇게 하지만 어릴 때는 피부가 검다는 것이 얼마나 고민이었는지 모른다. 그래서 하얀 피부로 거듭나려고 무던히도 애를 썼다. 그러나 모두 허사였다. 도대체 피부색 개조에 있어서는 리모델링이 불가능해 보였다. 그래서 봉달이는 하느님께서 주신 자연스러운 피부에 만족하면서 지내는 법을 배웠다.

그런데 건축물은 리모델링이 가능했다. 비래동에 지적장애인들을 위한 공동생활가정을 꾸미기 위해 작년 말에 허름한 2층 집을 샀고, 최근 한 달 보름 동안 대대적인 리모델링 공사를 했다. 거의 하루도 빠지지 않고 공사 현장을 지켜보았는데 낡고 허름했던 집 여기저기가 많이 허물어진 뒤에야 용도에 맞게 깨끗하고 편리한 공간으로 거듭났다. 참으로 신기했던 것은 머릿속으로 구상했던 세세한 부분들이 하나씩 현실로 이루어지면서 그야말로 리모델링되었다는 사실이다. 조만간 지적장애인들이 그 공간에서 사회복지사와 함께 가정에서 지내듯 생활하면서 독립적으로 살아가는 법을 배우게 될 것이다. 생각만 해도 벌써부터 가슴이 뛴다. 그뿐만 아니라 열여섯 평짜리 장애인사목센터를 두 배로 넓히는 리모델링을 시작했다. 앞으로 그곳을 이용할 장애인들을 생각하면 역시 가슴이 두근거린다.

갈 길은 아직도 멀지만 이 정도의 성과도 주님께서 지휘봉을 잡은 덕분이다. 그래서 주님께 감사드린다. 또한 교구의 최고 어르신들부터 시작하여 여러 신부님과 신자들의 성금과 관심 속에서 이루어진 일들이라 그 모든 분들에게도 감사하는 마음이다. 그리고 건물 리모델링을 하는 동안 깨달은 중요한 사실 한 가지가 있다. 그것은 다름 아니라 주님께서도 리모델링을 즐기신다는 것이다. 그런데 그분의 리모델링 대상은 건물이 아니다. 주님의 리모델링 대상은 사람이다.

"이 성전을 허물어라. 그러면 내가 사흘 안에 다시 세우겠다." 요한 2,19

개들이 건방을 떨 때

금산군 지방리 사제관에는 다섯 마리의 개가 있다. 진돗개 피가 흐르는 듯한 누런 '진순' 양과 검은 '탄' 군, 맹인안내견으로 유명한 골든 리트리버 '망고' 군과 '겨울' 양, 그리고 발바리 '맹순' 양이 그들이다. 녀석들은 주인 잘 만나 호강하고 있다. 왜냐하면 삼복더위가 한창인 이 여름에도 기본적으로 된장 발릴 일은 없을 뿐더러 울타리에 갇혀있긴 하나 공간이 넓어 저택을 소유한 셈이기 때문이다. 더구나 '맹순' 양의 경우에는 울타리 신세를 지지 않아도 되는 특혜까지 누리고 있다. 애완견을 제외하고 이 정도 대우면 특별 대우임에 틀림없다.

먹기만 좋아하고 기르는 데는 별로인 나에게 녀석들은 관심의 대상이 아니다. 그러나 꼬리를 친다든지 늦은 밤에 귀가해도 자동차 소리만으로 제 식구를 알아보고 짖지 않는 모습이 대견했다. 그래서 가끔 쓰다듬어 주기도 하고, 내가 할 수 있는 최고의 애정표현으로 손바닥을 내밀어 핥도록 해주었다.

그런데 얼마 전에 자기 배설물에 혀를 가져다 대는 몰지각한 행동을 목격했다. 그 이후로 손을 내밀어 주는 일은 더 이상 없었다. 그러자 녀석들도 차츰 나에게 관심을 끊기 시작했다. 내가 마당에 나가도 엎어져서 턱을 괸 채 나를 소 닭 보듯 하고 있다. 거동이 자유로워 귀염을 많이 떠는 '맹순' 양마저 건방을 떨고 있다. 내가 나타나도 햇빛이 있는 곳까지 나오지 않고 그늘에서 물끄러미 바라만 본다. 집 식구가 나오면 무조건 일어나 폴짝폴짝 뛰면서 꼬리를 흔들어 대는 것이 예의요 개의 본분(?) 아닌가! 그런데 녀석들은 요즘 건방을 떨고 있다. 이유가 뭘까?

한여름 더위 탓도 클 것이다. 그러나 사랑을 받지 못한다는 것이 더 큰 이유인지도 모른다. 개조차도 사랑을 받지 못하면 비뚤어지나 보다. 그나마 다른 식구들이 정을 주니 망정이지 모두가 나처럼 대한다면 이대로는 못살겠다고 대들며 더 큰 건방을 떨지도 모를 일이다. 개들이 건방을 떨 때는 이유가 있다. 정이 필요하니 정을 달라는 것이다. 그동안 사랑이 부족했으니 사랑받고 싶다는 것이다. 그동안 관심이 없었으니 관심을 가져달라는 것이다. 도대체 정情, 사랑, 관심이란 무엇일까? 그것이 개들에게도 삶을 살아가는 이유라는 말인가? 그렇다면 사람은 오죽하겠는가!

"여러분이 처음부터 들은 말씀은 이것입니다. 곧 우리가 서로 사랑해야 한다는 것입니다." 1요한 3,11

도둑처럼 찾아오는 것

얼마 전에 태국으로 가는 비행기를 탔다. 탑승객 대부분이 한국 사람들이었고, 내 옆좌석에 젊은 부부가 앉아있었다. 그런데 사내가 뚱뚱한 사람이었다. 좁은 좌석에 다섯 시간 넘게 앉아있어야 하는데 바로 옆에 뚱뚱이라니 하늘도 무심하시지! 그런 불만 때문에 말을 건네고 싶은 마음이 없었고 사내 역시 나에게 말을 걸지 않았다. 나중에 다른 사람에게 그 이야기를 했더니, 그 사내는 나를 동남아 사람으로 알고 두려워서 말을 걸지 않았을 것이란다! 내가 뭐 어디가 어떻다고!? *&^%$#@ 아무튼 그 사내가 승무원을 부르더니 중학교 1학년 교과서에 나오는 영어를 구사했다. "캔 유 스피크 잉글리쉬?" 그리고 갑자기 말문이 막혔는지 더 이상 말을 하지 못하고 손짓으로 필요한 것을 요구했다. 나는 하마터면 웃을 뻔했고 속으로 이렇게 말하고 있었다. '야, 이 사람아! 세상에 영어 못하는 승무원이 어디 있다고 캔 유 스피크 잉글리쉬니? 그리고 일단 영어할 줄 아냐고 했으면 유창하게 계속해야지 손짓이 뭐니?'

얼마 후에 미사주례를 부탁받고 어느 본당에 갔는데 고해성사를 받으려고 줄을 선 사람들이 꽤 많았다. 그래서 황급히 고해실에 들어가 성사를 주기 시작했다. 그런데 미사 시작하기 바로 전에 강적強敵을 만났다. 흔히 고해실에서 만나는 강적이라 함은 오랜 냉담을 끝내고 고해실을 찾은 경우나 죄가 무거운 경우, 또는 사연이 많은 사람을 가리키는데 그날의 강적은 또 다른 강적이었다. 뭐라고 우물거리는데 도대체 알아들을 수가 없었다. 언어장애가 있는 분의 말 같기도 했고 외국어처럼 들리기도 했다. 그래서 다시 말씀해 보라고 했더니 캐나다 사람이라는 말이 영어로 들렸다. 순간 당황했다. 그리고 내 입에서는 나도 모르게 그 중학생 영어가 튀어나왔다. “캔 유 스피크 잉글리쉬?” 이보다 더 멍청할 수 있을까? 캐나다에서 온 사람에게 영어 할 줄 아냐고 묻다니! 다행히 고백 내용은 알아들었고, 뜸은 들였지만 그럭저럭 훈계와 보속까지 주었다. 그리고 마침 고해실에 구비되어 있던 영어판 전례서를 보면서 사죄경을 외웠다. 휴~!

비행기에서 만난 사내의 영어 한마디를 웃음거리 삼았는데 오래지 않아 똑같은 말로 웃음거리가 되다니! 도대체 사람의 일이란…. 장애障碍도, 죽음도 마찬가지다. 나는 전혀 준비되지 않았고 생각조차 하지 않고 있다. 그런데 그렇게 도둑처럼 찾아올 수 있는 것이 장애이고 죽음이다.

“너희는 조심하고 깨어 지켜라. 그때가 언제 올지 너희가 모르기 때문이다.” 마르 13,33

연구대상 1호

내가 만나는 장애인 중에 'L' 할머니는 연구대상 1호다. 'L' 할머니는 앞이 전혀 보이지 않는 시각장애인인데 함께 사는 가족 없이 혼자서 생활하신다. 그런데 지금까지 그분에게서 단 한 번도 쓸쓸한 표정을 읽은 적이 없다. 그뿐만 아니라 나는 그분이 딱하다고 생각해 본 적도 없다. 왜일까? 어떻게 그럴 수 있을까? 뭔가 있다. 분명히 뭔가 있다. 도대체 그것이 뭘까? 어쩌면 'L' 할머니의 거침없는 '자기표현'이 해답일지 모른다. 그분은 전혀 여과가 없다는 느낌이 들 만큼 모든 감정을 감추지 않고 적나라하게 드러내 보이신다. 좋으면 노래를 흥얼거리며 춤까지 추고, 싫으면 바로 불만을 내뱉는다. 아마도 할머니에게는 거침없는 자기표현이 건강을 유지하는 비법인 것 같다. 앞을 볼 수 없어서 혼자 살기 힘들 텐데 거칠게라도 자기표현을 하면서 몸도 정신도 건강하셨으면 하는 바람이다.

얼마 전, 'L' 할머니가 여권 두 개를 가지고 와서 미국에 사는 딸네 집에 가려는데 구여권에 비자가 붙어있으니 어떻게 해야 되느냐고 물었다. 지극히 단순한 봉달이는 여권 만기일과 비자기간을 확인한 후 깊이 생각하지 않고 구여권에서 비자를 떼기 시작했다. 새로운 여권에 붙일 생각이었다. 비자는 생각보다 잘 떨어졌는데 왠지 뭔가 잘못된 것 같은 생각이 들었다. 그래서 직원을 시켜 여기저기 확인했더니 비자를 떼지 말고 여권 두 개를 함께 가지고 미국대사관으로 가야 한다는 것이었다. 그리고 일단 비자를 뗐으면 재발급을 받아야 하는데 번거로움은 차치하더라도 비용이 20만 원 가까이 든다고 했다. 이 말을 들은 'L' 할머니는 잔뜩 짜증이 나서 커다란 목소리로 바로 직격탄을 쏘았다. "신부님은 알지도 못하면서…." 갑작스런 봉변에 당황했을 뿐만 아니라 체면이 말이 아니었다. 그러나 상황이 그렇더라도 봉달이가 금방 깨갱하면서 꼬랑지를 내릴 수는 없었다. 그래서 나도 큰소리로 한마디 했다. "아니, 그게 말이 돼?" "제가 책임지고 미국 보내드립니다. 걱정 마세요!" "그리고 웬만하면 신부한테 큰소리 좀 치지 마유, 좀!"

도대체 말이 되는가? 비자가 손상이 되었다면 몰라도 그 자리에 다시 붙이면 감쪽같은데 재발급이라니…. 그야말로 속 타는 일이 아닐 수 없었다. 그런데 천만다행이었다. 문제의 여권을 서울에 보내 미국대사관에 문의했더니 아무 문제가 없단다. '그러면 그렇지! 봉달이가 아무리 단순무식해도….' 그 소식을 듣고 할머니는 무지 상냥해졌다. 나보다 더 단순한 'L' 할머니는 정말이지 연구대상 1호다.

"너희가 눈먼 사람이었으면 오히려 죄가 없었을 것이다. 그러나 지금 너희가 '우리는 잘 본다' 하고 있으니, 너희 죄는 그대로 남아있다."
요한 9,41

방귀를
뀌자

대전 가오동에 시각장애인들을 위한 맹학교가 있다. 유치부 어린이부터 어른에 이르기까지 다양한 연령대의 학생들이 기숙사 생활을 하는데, 거기에서 매월 한 번씩 열댓 명 남짓한 가톨릭 학생, 선생님들과 함께 미사를 봉헌한다. 며칠 전에도 종강미사를 봉헌하러 갔는데 그날따라 묘하게 자꾸 방귀가 나오려고 했다. 그래서 강론 중에 즉흥적으로 방귀에 대한 이야기를 잠깐 꺼냈다. 복음 내용과는 연관성이 전혀 없었지만 연결하자면 못할 것도 없을 것 같아 이야기를 시작했다. 그러자 어린이들은 물론이고 어른인 선생님들까지도 방귀라는 말만 나오면 즐거워했다. 재미있는 이야기를 들려준 것도 아닌데 그저 방귀라는 단어만 나오면 모두가 웃었다. 참으로 이상한 일이다. 방귀는 사람을 즐겁게 한다.

주변에 방귀를 자주 뀌는 분들이 몇몇 있다. 누구라고 밝히고 싶은 마음은 굴뚝 같으나 오래 살려면 참아야 한다. 그런데 입이 근질거려서 도저히 참을 수가 없으니 뭉뚱그려서라도 밝혀야겠다. 꼬집어 말할 수는 없지만 지방리 사제관에서 함께 생활하는 분들이다. 누굴까? 한번은 사제관에서 저녁을 먹고 나서 당구를 치는데 강 신부님이 당구공을 잘 모아서 치고 있었다. 그런데 마침 그 순간 주교님이 방귀를 뀌었다. 그때 강 신부님이 나지막이 혼잣말로 이렇게 말했다. "당구 잘 친다고 축포를 쏘네!" 귀 밝은 봉달이는 그 말을 듣고 얼마나 웃음이 났는지 모른다. 참으로 희한한 일이다. 방귀는 사람을 즐겁게 한다.

가끔은 봉달이도 방귀를 뀐다. 누가 뭐래도 아주 가끔

방귀를 뀐다. 그리고 혼자 있을 때는 힘차게 방귀를 뀌지만 상황에 따라서는 소리를 내지 않고 뀌는 기술(?)을 발휘하기도 한다. 그러나 사무실에서 직원들과 함께 있을 때는 혼자 있을 때처럼 힘차게 방귀를 뀐다. 그러면 두 직원은 무슨 화생방 훈련이라도 하는지 잽싸게 문밖으로 달아난다. 그런 반응이 재미있어서 정말로 가끔이지만 사무실에서만큼은 매번 힘차게 방귀를 뀐다. 그리고 도망가는 직원들을 보면서 한바탕 크게 웃는다. 참으로 모를 일이다. 방귀는 사람을 즐겁게 한다.

소리를 죽이지 말고 방귀를 뻥뻥 뀌면서 살아도 좋을 것 같다. 누군가가 즐겁게 웃을 수 있기 때문이다. 그러나 대부분의 사람들은 방귀를 감춘다. 체면 때문이다. 누군가에게 기쁨을, 웃음을 줄 수 있다면 체면쯤은 구겨져도 좋다.

"인간의 지혜는 그 얼굴을 빛나게 하고 굳은 얼굴을 변화시킨다." 코헬 8,1

자격
미달

휴대전화기가 충전이 잘 되지 않아 새로 사기 위해 매장에 갔다. 매장 점원이 나에게 평균 전화요금이 얼마인지, 자동차 주유는 한 달에 얼마나 하는지 묻더니 리터당 백 원씩 할인되는 모 은행 신용카드를 만들어 사용하면 공짜로 휴대전화기를 구입할 수 있다고 했다. 말하자면 2년 동안 휴대전화기를 사용하면서 할인되는 금액과 주유 때마다 할인되는 금액을 자기들이 가져가겠다는 말이었다. 일단은 목돈 내지 않고 구입할 수 있다기에 기꺼운 마음으로 새로운 휴대전화기를 들고 매장을 나왔다. 그때까지는 기분이 좋았다. 문제는 그다음부터였다.

인터넷으로 모 은행에 접속하여 리터당 백 원씩 할인되는 신용카드 발급을 요청했다. 그리고 일주일 후 그 은행으로부터 신용카드를 발급해 줄 수 없다는 메일이 도착했다. 발급불가 사유는 '자격미달'이었다. 순간 기분이 더럽게 나빴다. 이미 다른 신용카드로 A라는 정유회사의 제품을 백 원씩 할인받고 있었기 때문에 납득이 되지 않았다. 더군다나 단 한 번도 통장 잔액이 마이너스인 적이 없지 않은가! 그리고 신부神父가 신용카드를 발급받을 수 없는 사회라면 이것이 말이 되는 것인지 의아스럽기까지 했다. 그래서 전화를 했다. 자격미달인지라 창피해서(?) 직접 통화하지는 못하고 다른 사람에게 부탁했다. 직원이라고 관계를 밝히고 통화를 하던 박수진 줄리아는 나보다 더 창피해(?)했다. 사장님 통장에 적어도 이백만 원 넘는 돈이 삼 개월 이상은 지속되어야 한다는 말을 들었기 때문이다. 나도 웃음만 자꾸 나왔다. 낼모레면 나이 마흔인데 통장에 이백이 없어서….

100
50
100
50
10

신부라서 발급받을 수 있어야 한다고 생각했는데 신부이기 때문에 발급받지 못할 수도 있겠다는 생각이 들었다. 자격미달이라는 말에 기분이 언짢았는데 이유를 알고 나니 기분이 나쁘지만은 않았다. 세상 사람들은 돈 많은 것을 다양한 방법으로 과시하고 자랑할 수 있다. 하지만 신부는 돈 많은 것을 자랑할 수 없다. 오히려 신용카드 발급 자격미달이 자랑할 일이다. 그래도 그렇지 돈을 조금만 더 아껴 썼더라면…. 신용카드 발급에서 자격미달은 그렇다 치고 정작 중요한 것은 주님과의 신용관계인데 설마 그것마저 자격미달?

"여러분은 현세에 동화되지 말고 정신을 새롭게 하여 여러분 자신이 변화되게 하십시오. 그리하여 무엇이 하느님의 뜻인지, 무엇이 선하고 무엇이 하느님 마음에 들며 무엇이 완전한 것인지 분별할 수 있게 하십시오."
로마 12,2

여유

작년 초 지방리 사제관으로 이사를 앞두고 차를 바꿨다. 1년 이상 남이 타던 중고차를 샀는데도 값이 만만치 않았다. 그래서 차車값에 조금이라도 보태기 위해 착한 동창 김정환 신부를 꼬드겨 차茶 마실 때 쓰는 도구 일체를 팔아먹었다. 얼마나 돈이 된다고 그런 짓(?)까지 했는지 모르겠다. 지금 생각하면 무슨 귀신이 들어왔던 모양이다. 팔아먹은 나도 그렇지만 그것을 사준 동창도 귀신이 붙었던 것이 틀림없다. 그러지 않고서야 어디….

차茶와 다기茶器를 팔아먹은 뒤 1년이 넘도록 내 방에서 차를 우려먹은 기억이 없다. 당시에는 차를 사느라 돈도 궁한 데다가 출퇴근하면 여유롭게 차를 마실 시간도 없을 것이라 생각했던 것이다. 그런데 막상 시간이 있어도 다기가 없어서 차를 우릴 수가 없었다. 여유가 있어서 차를 마시는 것이 아니라 차를 우려 마시다 보면 여유가 생기는 법이다. 그런데 다기가 없으니 내 방에서는 그런 여유를 찾을 수 없는 것 아닌가! 생각이 거기까지 미치자 내 몸은 어느새 다기를 파는 곳에 가있었다.

그런데 맘에 드는 물건들은 하나같이 어찌나 비싼지 망설이지 않을 수 없었다. 맘에 드는 것은 비싸니 돈 지랄 하는 것 같고, 그렇다고 맘에 들지 않는 것을 사자니 내키지 않고, 도무지 어찌할 바를 몰랐다. 그런데 마음속에서 이런 소리가 들렸다. '에라 모르겠다!' 맘에 드는 물건을 사도록 부추기는 소리였다. 나중에 우리 직원이 그러는데 신부님한테 '지름신'이 내린 것이라고 했다. 그것이 무슨 말인가 했더니, '지르다'의 명사형인 '지름'에 '신神'이라는 말이 합성된 인터넷 신조어란다. 돈 걱정이나 망설임을 그만두고 나처럼 '에라 모르겠다!'라는 생각으로 물건을 사는 것을 일컫는 말이었다.

지름신이 시켰든 내가 질렀든 상관없다. 요즘 봉달이는 홀로 차를 우려 마시면서 행복감을 만끽하고 있다. 단지 차를 마셔서 행복한 것이 아니라 차를 우려 마실 때마다 마음에 여유가 생겨서 행복하다. 그리고 그 여유로움이 주님과 그분의 뜻을 더 많이 찾게 해줘서 행복하다. 그렇다면 그 지름신은 주님이었을지도 모른다. 너무 바쁘게 지내면 주님께서 머물 겨를도 없다. 값비싼 다기가 아니라도 좋다. 또한 굳이 차를 우려 마셔야만 하는 것도 아니다. 바쁜 일상생활에서 잠시 멈추기만 해도 된다. 그러면 주님께서 거기에 계신다.

"마리아는 주님의 발치에 앉아 그분의 말씀을 듣고 있었다. 그러나 마르타는 갖가지 시중드는 일로 분주하였다." 루카 10,39-40

예수
폐인廢人

요즘 만나는 사람들에게 이런 인사말을 듣는다. "신부님! 많이 바쁘시죠? 피곤해 보이시네요! 너무 무리하지 마세요!" "대덕구장애인종합복지관 일까지 맡으셔서 많이 힘드시죠? 일이 점점 많아져서 큰일이네요!" 그러면 봉달이는 속내를 들키지 않으려고 "아니 그냥 뭐 아직까지는…"이라고 대충 얼버무린다.

사실 봉달이가 피곤한 이유는 다른 데 있다. 텔레비전 드라마 〈대조영〉 때문이다. 우연한 기회에 한번 봤는데 그 후

늘 주말을 기다리곤 했다. 그러던 어느 날, 첫 회부터 시청한 게 아니라는 엄청난(?) 사실을 깨달아 인터넷으로 '다시 보기'를 하고 있다. 매회 끝날 때마다 궁금증을 부풀려 놓는 바람에 늘 대림시기처럼 지냈는데 이미 방송된 분량을 다시 보는 데에는 더 이상 대림시기가 필요 없었다. 클릭만 하면 흥미진진한 다음 편이 나오는데 참을 수 있는 사람이 몇이나 되겠는가! 그러다 보니 늘 밤은 짧고 잠은 부족하며 피곤은 쌓일 수밖에…. 흔히 나 같은 사람을 일컬어 폐인廢人이라고 한다.

봉달이를 폐인으로 만든 드라마는 〈대조영〉뿐만이 아니다. 2003년 방송된 〈다모茶母〉라는 드라마도 그랬다. 그때는 방송이 모두 끝난 분량을 거의 한꺼번에 몰아서 보는 바람에 폐인이 될 수밖에 없었다. 당시 그 드라마는 '다모폐인'이라는 신조어를 만들어 내기도 했다. 여기서 폐인이란, 드라마를 좋아하는 나머지 폐인廢人이 된 사람들을 가리키는 말인데 폐할 폐廢가 아니라 사랑할 폐嬖를 쓴다. 말하자면 드라마를 정말 좋아해서 드라마를 사랑하는 경지에 달한, 이른바 마니아mania들을 가리키는 말이 바로 '폐인嬖人'이다.

드라마 때문에 폐인廢人이 되었든, 드라마를 사랑하는 폐인嬖人이 되었든 잠시 '대조영' 폐인이 된 덕분에 이런 생각이 떠올랐다. '도대체 나는 예수님 때문에 폐인廢人이 될 만큼 그분께 푹 빠져보았는가?' '나는 지금 그분만을 사랑하는 예수폐인嬖人인가?' "그렇다!"라고 단언할 수 있어야 하는데 머리만 긁적거릴 뿐이다. 그렇다고 해서 풀이 죽지는 않는다. 왜냐하면 드라마에 대한 열정이나 심취가 냄비와 같은 것이라면 예수께 대한 그것은 가마솥과 같기 때문이다. 모름지기 은근한 사랑이 오래간다.

"이 물을 마시는 자는 누구나 다시 목마를 것이다. 그러나 내가 주는 물을 마시는 사람은 영원히 목마르지 않을 것이다." 요한 4,13-14

쓰레기는 쓰레기를 부른다

대전가톨릭사회복지회관의 주변 환경은 그다지 좋은 편이 못 된다. 건물 바로 옆에 붙어 있는 개 도살장은 빼고라도 지역적으로 수산물과 청과물 유통이 다량으로 이루어지기 때문에 거리는 늘 혼잡하고 역겨운 냄새가 많이 난다. 특히 회관 입구는 왜 그렇게 자주 지저분해지는지 짬이 날 때마다 비질하고 호스로 물청소까지 해도 삼 일 이상 가지 못한다. 남들이 들으면 생긴 것과는 딴판이라 하겠지만 봉달이는 책상이라든지 생활공간 등 주변이 더러운 것을 유별나게 못견뎌한다. 어쩌면 태생 자체가 지저분한 꼴을 못 보는 종자인 것 같기도 하다. 아무튼 회관 입구가 지저분하면 가급적 바로 청소를 한다. 그 짓을 6년째 하고 있지만 뾰족한 개선책은 없는 것 같다. 그나마 청소를 하지 않으면 한없이 더러워질 것은 분명하다. 왜냐하면 쓰레기는 또 다른 쓰레기를 부르기 때문이다.

언제부터인가 회관 입구 안쪽, 수돗가 근처에 쓰레기가 모이기 시작했다. 며칠 사이에 쓰레기 더미가 점점 더 커졌다. 두말할 나위 없이 각 사무실에서 나오는 쓰레기였다. 그런데 그곳은 전체 건물의 입구이기도 하지만 장애인사목부 주된 통로와 직결되는 곳이다. 회람을 돌리고 안내문을 붙였더니 오래지 않아 통제가 되기 시작했다.

그런데 또 다시 입구 바깥쪽에 쓰레기가 모이기 시작했다. 이번에는 내부의 적이 아니라 외부인의 소행이었다. 놀부도 아니고, 종량제 쓰레기봉투에 잘 담아서 남의 집 입구에 버리는 것은 도대체 무슨 심보인지 모르겠다. 이번에도 안내문을 붙였더니 이내 시정이 되었다. 주변 환경은 열악하지만 개선이 되니 얼마나 다행인지 모른다. 아무튼 누구나 경험해 보았겠지만 이렇듯이 쓰레기는 어김없이 쓰레기를 부른다.

죄 또한 마찬가지다. '이 정도쯤이야?'라고 생각하면서 물꼬를 터주면 또 다른 죄들이 모여들기 시작한다. 쓰레기가 쓰레기를 부르고 그 영역을 확장하는 것처럼 죄는 또 다른 죄를 부르고 악은 또 다른 악을 부른다. 죄악도 쓰레기와 같아서 지저분한 마음 한구석을 그대로 방치해 두면 다른 죄악까지 더해져 덩어리가 커지기 시작한다. 그럴 때는 바로 안내문을 붙여야 한다.

'쓰레기는 지정된 곳으로! 죄는 쓰레기통에!'

"여러분이 하느님의 성전이고 하느님의 영께서 여러분 안에 계시다는 사실을 여러분은 모릅니까? … 여러분이 바로 하느님의 성전입니다."
1코린 3,16-17

뜨거운 사람

안도현 시인의 〈너에게 묻는다〉라는 시에는 "연탄재 함부로 발로 차지 마라. 너는 누구에게 한 번이라도 뜨거운 사람이었느냐"라는 구절이 나온다. 멋있는 표현이다. 한 해의 반을 지내고 7월 첫날을 맞이하면서 봉달이는 뜨거운 사람으로 거듭나고 싶은 마음에 홀로 도보순례를 떠났다. 5년 전에도 대전에서 해미까지 3박 4일 동안 140여 킬로미터를 걸었는데 이번에도 같은 구간이었다. 그때는 쌩쌩 달리는 자동차 옆을 걷는다는 것이 위험하기도

하고 너무 힘들어서 다시는 하지 않겠다고 다짐했다. 그런데 그분이 나를 부르시는 느낌이 들어 모든 일정을 뒤로 미루고 갑자기 순례에 올랐다. 이번에도 위험하고 힘들기는 마찬가지였지만 사제생활 10년을 돌아볼 수 있는 유익한 시간이었다.

그 먼 길을 걸어, "주님! 저 왔어요!"라고 말했지만 해미 순교성지에서 만난 예수님은 반응이 없으셨다. 아니 무반응이라기보다 내 기대와는 다른 식이었다. '감동의 눈물을 기대했니? 전율을 느끼고 싶었어? 걸으면서 이미 많은 것을 깨닫지 않았니?'라고. 약간 서운하기는 했지만 그런 반응에 이미 익숙해진 터라 더 이상 보채지는 않았다. 걷는 내내 많은 것을 깨달은 것도 사실이었다.

소문을 내고 순례를 시작한 것은 아니지만 평소 나를 아껴주시는 분들의 격려와 지지를 받으며 힘을 낼 수 있었고 관심과 사랑이 얼마나 소중한 것인지도 깨달았다. 홍성에서 덕산으로 넘어가던 셋째 날 저녁 무렵의 일이다. 통증을 견디다 못해 무감각해진 발과 뻐근해진 무릎 때문에 걷는다는 표현이 무색할 정도였다. 심지어 한 시간에 2킬로미터

도 채 걷지 못했다. 그런데 장애인 공동생활가정 식구들과 몇몇 직원들이 나를 위해 미사에 참례한다는 문자를 주었다. 더구나 나의 만류에도 동창 백현 신부한테서 이진용 신부와 함께 이미 출발했으니 덕산에서 보자고 연락이 왔다. 그러자 다리의 통증이 반으로 줄어들었고 걷는 속도도 두세 배 빨라졌다. 감동을 받으면 나오고, 엔도르핀보다 4천배 효과가 있다는 다이도르핀이 내 몸에서 생성되었던 모양이다. 아니, 주님께서 기적을 일으키셨다.

말 그대로 감동이었다. 한밤중에 되돌아가야 하는 줄 알면서도 그 밤에 대전에서 덕산까지 나를 찾아오다니! 게다가 쇠고기도 사주고! "너는 누구에게 한 번이라도 뜨거운 사람이었느냐"라는 시구의 그 '뜨거운 사람'은, 다만 열정이 넘치는 사람이 아니라 감동을 주는 사람인 것 같다. 감동을 주는 사람이 뜨거운 사람이다.

"여러분의 그러한 열정이 많은 사람을 분발시켰습니다." 2코린 9,2

눈물은 많을수록 좋다

신부가 되기로 마음먹고 서울 종로구 혜화동에 있는 대신학교를 처음 찾은 것은 고3 여름방학 때였다. 교문을 지나 언덕을 오르는데 울창한 나무숲 여기저기에서 다람쥐들이 오르내리는 것이 눈에 띄더니 한쪽 풀숲에서는 토끼들이 평화롭게 풀을 뜯고 있었고, 마침 나비들도 하늘거리면서 여유로운 날갯짓을 하고 있었다. 이내 언덕을 올라 학교 전경을 바라보는데 뭔가가 나를 잡아당기는 느낌이었다. 마치 아기를 끌어안는 어머니의 품과 같다고 할까? 그 느낌은 인상적이고 아주 강렬했다. 그 이후 나는 신학교에 입학하여 이십 대 대부분을 사제가 되는 꿈을 키우며 그곳에서 지냈다. 그래서였을까? 떠나던 날 마지막 미사 때 성체를 모셨는데 갑자기 눈물이 주르륵 흘렀다.

사제로 서품된 후 유천동, 조치원, 홍성 성당에서 일 년씩 보좌신부로 지냈다. 임지를 떠난 다음에는 뒤돌아보지 않는다. 그러나 있는 동안에는 정을 흠뻑 쏟는 성향 탓인지 매번 떠나기 전 마지막 미사 때에는 눈물과 씨름을 해야 했다. 그나마 서울 신학교를 떠날 때는 신학생이었기 때문에 남모르게 눈물을 흘릴 수 있었다. 그런데 신부가 된 이후로는 제단 위에 서있어야 했기 때문에 감출 수가 없었다. 어떤 때는 눈물을 참아보려고 속으로 애국가를 부르기까지 했다. 하지만 소용이 없었다. 그냥 눈물이 났다.

서울 신학교를 떠날 무렵 다짐한 것이 있다. 사제생활 10주년이 되는 해에 다시 찾겠다는 다짐이다. 친하게 지내는 김정환 신부와 백현 신부와 함께 최종 모교인 대전가톨릭대학교를 방문한 후 서울 혜화동 대신학교를 일부러 찾아갔다. 신학생 시절을 회상하며 대성당부터 시작하여 구석구석을 둘러보았는데 세월에 비해 학교는 변함이 없었다. 내 마음의 고향인 신학교가 그 자리에 변함없이 있다는 것, 그 사실이 얼마나 감사했는지 모른다. 세월의 흐름 속에 대부분은 자연스럽게 변한다. 그리고 변해야만 좋은 것들이 있다. 물론 변하지 않아야 더 좋은 것들도 있다. 내 마음속을 들여다본다. 맙소사! 변하지 말아야 할 부분은 변했고, 변해야 할 부분은 여전히 그대로다. 정작 이럴 때는 눈물이 나도 괜찮은데 눈물이 없다.

남자는 인생에서 세 번만 눈물을 흘려야 한단다. 웃기는 얘기다. 내 생각에 눈물은 많을수록 좋다. 다른 것에 대해서는 잘 모르겠다. 그러나 눈물이 메마른 사람으로 변하지는 않으면 좋겠다.

"예수님께서는 눈물을 흘리셨다." 요한 11,35

돈
백만
주세요!

"돈 백만 주세요!" 봉달이는 간땡이가 부었다. 요즘 같은 불경기에 염치없이 이런 전화나 문자를 보내고 있다. 혹은 만나는 사람에게 돈 백만 달라는 말을 어김없이 한다. 칼만 들지 않았지 거의 강도 수준이다. 그런데 반응이 좋다. 백만 원으로 되겠냐고 반문하는 분도 있고, 조만간 만들어 주겠다는 분, 이유를 묻지도 않고 계좌번호를 달라는 분도 있다. 그렇게 모은 돈이 불과 열흘 만에 천만 원이 넘었다. 이런 강도짓이 언제까지 통하고, 또 얼마나 모아질지 궁금하다.

장애인사목 4년을 포함해서 교구 사회복지 일을 시작한 지 7년이 넘었다. 그런데도 돈 좀 달라는 말을 입 밖에 잘 꺼내지 못했다. 그런 내가 느닷없이 얼굴에 철판을 깔고 돈 백만 달라고 부탁하는 이유가 있다. 최근에 대형 사고를 쳤기 때문이다. 그동안 많은 후원자들의 정성을 모아 지적장애인들이 공동으로 생활할 수 있는 주택을 만들어 시설신고를 했다. 그리고 유기농 쿠키를 만드는 직업 재활시설도 만들었다. 매번 버거웠지만 일단 일을 저지르면 오래지 않아 이루어졌다.

그런 믿음으로 이번에는 14억이나 되는 건물을 샀다. 그것도 완성된 건물이 아니다. 그러나 조건이 좋아서 일을 저질렀다. 그런데 쥔 돈은 없다. 다만 믿음은 있다. 대형 사고를 치도록 주님께서 이끄셨으니 그분께서 마무리하실 것이라는 믿음이다. 주님께서 내게 말씀하셨다. “장애인들을 위한 성당과 보금자리를 네가 만들어라!”

넉넉하지 않은 시각장애인 한 분이 선뜻 백만 원을 주셨다. 감동이었다. 그리고 돈 백만 달라는 문자를 받고서 강모 승수 신부님이 통장에 21만 원이 전부인데 20만 원을 보냈다는 답을 주었다. 은행잔고를 속일 분이 아니기에 미안한 동시에 눈물겨웠고 존경스러웠다. 기꺼이 강도짓을 당해주는 분들 때문에 당분간 봉달이는 나쁜 짓에서 손을 씻지 못할 것 같다. 아니 그분들 덕분에 강도짓을 계속할 힘을 얻고 있다. 그래서 이 지면을 통해서도 그 짓을 하려 한다. "돈 백만 주세요! 예금주는 나봉균이고, 계좌는 농협 ***-**-******입니다."

"너희는 자신을 위하여 보물을 땅에 쌓아두지 마라. 땅에서는 좀과 녹이 망가뜨리고 도둑들이 뚫고 들어와 훔쳐간다. 그러므로 하늘에 보물을 쌓아라." 마태 6,19-20

불편함이 스승이다

지난 3년 동안 살았던 금산군 지방리 사제관을 떠나 작년 말에 대전 오정동 건물로 이사를 했다. 물론 장기적으로는 그 건물에 성당을 포함한 가톨릭장애인사목센터 및 복지시설이 조성되겠지만 작전상(?) 약 2년 정도는 원래 주인이 1층과 2층을 쓰도록 했다. 하지만 3층은 당장 쓸 수 있는 공간이기 때문에 거기에 사제관과 독립형 그룹홈을 꾸몄다. 겉보기와는 달리 3층 내부는 이미 완성되어 있어서 그야말로 꾸미기만 했다. 2인 1실로 이루어진 두 개의 그룹홈은 사제관과 바로 이웃하고 있어서 장애인들이 잘 지내고 있는지 수시로 확인하고 보살피는 것이 가능하다. 그래서인지 벌써 한 명이 들어와 독립생활에 적응 중이다.

장애인사목부 업무뿐만 아니라 대덕구장애인종합복지관장 업무를 겸하면서부터 장거리 출퇴근이 버겁게 느껴지기 시작했고, 장애인들을 위한 독립형 그룹홈의 필요성도 있어서 이사를 감행했다. 하지만 백 번도 더 생각했다. 왜냐하면 경 주교님이 마음에 걸렸기 때문이다. 예전에는 마냥 어렵게만 생각했던 주교님이었는데 함께 생활하면서 가족처럼 지낼 수 있어서 좋았고, 주교님의 다양한 경험을 공유할 수 있어서 더할 나위 없이 좋았다. 뿐만 아니라 함께 생활하는 신부들 사목에 힘을 실어주기 위해서 해마다 거금을 주셨는데 그 돈은 주교님 연봉의 전부였던 것 같다. 그토록 사랑을 주신 주교님 곁을 떠나와 정말 죄송스럽다. 여전히 기쁘게 지내시길 바라는 마음뿐이다.

출근하면 점심은 기본적으로 해결되는 데다가 한 푼이라

도 아껴야 목표를 빨리 이룰 수 있기에 사제관 도우미 없이 지낸다. 지방리 사제관 시절 장거리 출퇴근을 하면서 직장인들의 마음을 헤아렸다면 요즘은 밥하고 빨래하고 청소하면서 주부들의 마음을 헤아리고 있다. 무엇보다도 먹는 일이 가장 중요한데 봉달이 신부神父는 마치 준비된 신부新婦처럼 도대체 끼니 거르는 일도 없이 맛있게 해먹는다. 귀찮고 불편할 수도 있는 일들이지만 기쁘게 하고 있는 것을 보면 아주 기특하다. (자화자찬을 하는 것을 보니 아무래도 오늘 저녁 때 뭘 잘못 먹었나 보다.)

어디에서든 불편함이 전혀 없었던 적은 없었다. 불편함은 항상 있었고, 오히려 그 불편함이 나의 인내심을 키워주었고, 나를 사람 냄새나게 해주었으며, 나를 성숙시켜 주었다. 그렇다면 불편함이야말로 스승이다.

"네 입이 아니라 남이 너를 칭찬하고 네 입술이 아니라 다른 이가 너를 칭찬하게 하여라." 잠언 27,2

공짜는 없다

천변에서 자전거를 타고 돌아오는 길인데 하상도로의 차들이 정체되어 있었다. 정체가 시작되는 지점에 가보니 끼어들던 차와 양보하지 않은 차로 보이는 두 대의 차가 멈추어 있었다. 다행히 사고는 없었던 모양인데 감정이 격해진 운전자들이 서로 멱살을 잡은 채 주먹을 날리기 직전이었다. 그냥 지나칠 수가 없었다. 낯선 사람들의 싸움판에 끼어들 정도로 내가 오지랖이 넓은 줄은 그날 처음 알았다. 오고 가는 19금禁 전달불가의 욕설을 들으며 멱

살 잡은 손을 떼어내느라 나도 힘깨나 썼다. 실랑이는 계속 되었지만 그들의 흥분은 조금씩 가라앉았고 오래지 않아 각자 제 갈 길로 갔다.

그런데 그들이 떠난 뒤에도 내 심장은 여전히 쿵쾅거리고 있었다. 극도로 흥분된 그들의 좋지 않은 기운이 내게 전달된 것이다. 남의 싸움에 굳이 끼어들어 좋지 않은 감정까지 느끼는 것이 잘한 일인가 싶다. 그렇다. 감정적으로는 분명히 손해다. 그러나 주님께서 다 갚아주실 것이다.

자전거 앞바퀴 쪽 브레이크가 계속 휠에 닿는 것 같아 점검 차원에서 자전거 매장에 들렀다. 아저씨는 공구 하나만으로 약 2분 동안 조이고 풀고 하더니 이제 괜찮을 거라고 했다. 사례를 해야 할지 말아야 할지 애매해서 잠시 뭉그적거리다가 엊그제 필요한 물품들을 사느라 매출을 갚이 올려주었고, 고객관리 차원에서 이 정도 서비스는 당연한 것이라 생각하면서 고맙다는 인사와 함께 매장을 나오려 했다. 그런데 그것이 아니었다. “돈을 주고 가셔야죠!” 순간 바보가 되는 느낌이었다. 그래서 마치 깜박했다는 시늉을 하면서 얼마냐고 물었더니 3천 원이란다. 얼른 돈을 지불하

고 나왔다. 기분이 씁쓸했다. 아무리 짧은 시간이더라도 기술과 노동력을 제공받았으면 품삯을 주는 것이 마땅한지도 모른다. 하지만 왠지 삭막하다는 느낌과 함께 '세상에 공짜는 없다'는 생각이 떠나지 않았다.

사회복지를 비롯한 교회의 여러 사업에 무상으로 노동력을 제공하는 봉사자들이 많다. 땀 흘려 애써 번 돈을 거저 주는 사람들도 많다. 어쩌면 그런 고마운 분들에 둘러싸여 있어서 세상 경제논리에 둔감해졌는지도 모른다. 차제에 생각해 보았다. 내가 공짜로 받는 그런 봉사와 돈은 정말 공짜일까? 아니다. 세상에 공짜는 없는 법이다. 어떤 방식으로든 주님께서 다 갚아주신다.

"보라, 내가 곧 간다. 나의 상도 가져가서 각 사람에게 자기 행실대로 갚아주겠다." 묵시 22,12

착한 거래

'부모가 죽으면 땅에 묻고 자식이 죽으면 가슴에 묻는다'라는 말이 있다. 차례대로 죽으면 좋을 텐데 죽음에는 순서가 없다. 때로는 자식이 부모보다 먼저 죽는다. 참으로 슬픈 일이다. 흔히 사람들은 오래 살기를 바라지만 자식을 앞세우면서까지 오래 살고 싶어하는 부모는 없다. 아니, 없어야 한다. 그런데 안타깝게도 자식보다 더 오래 살고 싶어하는 부모가 있다. 장애인 자녀를 둔 부모 중에, 특히 지적장애나 자폐성장애를 가진 자녀와 함께 홀로 사는 나이 지긋한 어머니들은 자식보다 더 오래 살고 싶어한다. 많은 날도 아니다. 딱 하루만 더 살기를 바란다. 자식이 이미 성인이지만 정신적으로는 어린아이와 같아 먼저 눈을 감을 수가 없는 것이다. 이런 부모의 가슴은 이미 썩어 문드러졌는지도 모른다.

그래서 그들이 가정처럼 생활할 수 있는 그룹홈으로 '늘품', '섬돌'을 만들었다. 그리고 장애인들이 스스로 일을 하면서 돈을 벌 수 있도록 직업 재활시설 '느루'를 만들었다. 처음에는 단순노동을 하며 한 달에 2, 3만원 버는 것이 고작이었지만 지금은 유기농 재료를 가지고 위생적인 공정으로 수제쿠키를 만들고 있다. 그래서 열 명의 식구들이 매월 개별적으로 약 10만 원 정도의 수입을 내고 있다. 물론 '느루'라는 순우리말 뜻 그대로 우리 식구들은 동작이 빠르지 않기 때문에 '한꺼번에 몰아치지 않고 오래도록' 일을 해야 제품을 완성할 수 있다. 그러나 돈을 벌 수 있다는 희망과 더 많이 벌고 싶은 욕심은 일반인들과 다르지 않다. 그래서 쿠키 만드는 일을 더 많이 하고 싶어한다. 하지만 수요가 있어야 공급이 따르는 법! 아직 홍보가 미약한 탓인지 주문이 많지 않아 식구들의 수입은 제자리걸음이다.

느루 쿠키는 유기농 재료로 만들기 때문에 약간 비싼 것이 흠이다. 그러나 한번 먹어본 사람은 다시 찾을 만큼 몸에 좋고 맛도 좋다. 그리고 수익금이 많아질수록 식구들 급여가 정직하게 올라가기 때문에 사람에게 희망을 주는 먹을거리다. 한마디로 사서 먹는 그 자체가 일석이조一石二鳥요, 꿩 먹고 알 먹기다. 장애인사목을 하면서 지금까지 거저 받은 돈이 헤아릴 수 없이 많다. 하지만 이번에는 공짜가 아니다. 그저 착한 거래일 뿐이다.

"그렇다고 다른 이들은 편안하게 하면서 여러분은 괴롭히자는 것이 아니라, 균형을 이루게 하자는 것입니다. 지금 이 시간에 여러분이 누리는 풍요가 그들의 궁핍을 채워주어 나중에는 그들의 풍요가 여러분의 궁핍을 채워준다면, 균형을 이루게 됩니다." 2코린 8,13-14

정情을
먹고 사는
사람

사춘기 때 외국 영화배우인 브룩 쉴즈, 피비 케이츠, 소피 마르소 등을 좋아했다. 특히 청순한 이미지의 소피 마르소를 많이 좋아했다. 그래서 소피 마르소가 출연한 영화를 챙겨보는 것은 물론이고 사진을 모으기도 했다. 심지어 손목시계 뒷면에 사진을 붙이고 다닐 정도였다. 지금 생각해 보면 잘 이해가 되지 않지만 연예인을 좋아하는 요즘 팬에 비하면 그 정도는 아무것도 아닌 것 같다. 아무튼 그런 경험 덕분에 연예인에 대해 열광하는 사람들이 어느 정도 이해가 된다.

최근에 영화배우 장동건에 관한 신문기사를 읽다가 여직원들에게 물었다. "장동건이 그렇게 잘생겼니?" 그러자 여직원들의 표정이 환해지면서 눈동자가 만화에서나 볼 수 있는 하트 모양으로 변했다. 어떤 직원은 정우성이 최고라 했고, 또 어떤 직원은 소지섭이 멋있다고도 했다. 갑자기 장난기가 발동한 봉달이는 자폭 수준의 질문을 던졌다. "그런데 장동건이 잘생겼니, 내가 잘생겼니?" "장동건이 좋아, 내가 좋아?" 어이없는 질문에 다들 순간적으로 호흡곤란 증세를 보였다. 재차 다그치자 "신부님이 더 잘생겼어요!" "신부님이 더 좋아요!"라고 대답했다. 그러나 여기저기서 헛기침 소리와 쩝쩝대는 소리가 났다. 그것이 무슨 의미인지 모를 리 없는 나에게 한 남자 직원이 쐐기를 박았다. "신부님은 왜 직원들 고해성사 보게 만드세요?" 웃겨 죽는 줄 알았다.

봉달이도 잘 안다. 장동건은 잘생긴 영화배우다. 장동건에 비하면 봉달이는 완전 추남에 가깝다. 하지만 우리 엄마한테 물어봐라. 나를 더 좋아할 뿐만 아니라 심지어 장동건보다 내가 더 잘생겼다고 헛기침 없이 말씀하실 것이다. 나를 사랑해 주는 분들이 계셔서 나는 기쁘게 산다.

연예인들은 자신의 재능을 뽐내고 팬들의 사랑을 먹고 산다. 그리고 팬들의 사랑이 열광적일수록 더 신나게 활동한다. 그것은 목자牧者인 신부도 마찬가지다. 신부는 신자들의 사랑을 먹고 산다. 평범한 삶을 사는 그 누구도 똑같다. 사람은 사랑과 정情을 먹고 산다. 그래야 신나게 살 수 있다. 주님도 마찬가지다. 우리에게 사랑과 정을 받고 싶어하신다. 물론 다른 차원이지만 "장동건이 좋아, 예수님이 좋아?"라는 질문을 받았을 때, "예수님이 더 좋아요!"라고 당당히 대답할 수 있어야 한다.

"너는 나를 사랑하느냐?" 요한 21,16

비풍초똥팔삼

인터넷에서 '고스톱 유머'를 검색해 보면 화투花鬪의 고스톱 용어 열 가지가 나온다. 그리고 각각의 고스톱 용어를 통해서 배울 수 있는 인생철학이 이어진다. 예를 들면 이런 식이다. '낙장불입: 인생에서 한 번의 실수가 얼마나 큰 결과를 초래하는지 인과응보에 대해 깨우치게 한다. 피박: 쓸데없는 피皮가 고스톱에서 얼마나 중요한지를 깨우치게 해서 사소한 것이라도 결코 소홀히 하지 않도록 한다. 독박: 무모한 모험이 실패했을 때 속이 뒤집히는 과정을 미리 체험함으로써 무모한 짓을 삼가게 한다.' 고스톱을 즐기는 편은 아니지만 고스톱을 아는 입장에서 볼 때 재미있는 해석이다. 그런데 무엇보다 마음에 와닿은 것은 '비풍초똥팔삼'이다.

'비풍초똥팔삼'에 대한 해석은 '살면서 무엇인가를 포기해야 할 때 우선순위를 가르침으로써 위기상황을 극복해 가는 과정을 가르친다'이다. 화투를 아는 사람은 다 아는 내용이지만 고스톱은 같은 그림을 맞추는 놀이다. 그런데 가끔 본인이 든 패와 판에 깔린 그림이 전혀 일치하지 않는 경우가 생긴다. 이른바 먹을 것이 없는 상황이다. 이때 본인이 든 패 중에서 우선적으로 버려도 좋을 1순위가 '비'이고 그다음이 '풍'과 '초'이며 '똥', '팔', '삼'이라는 것이다. 실제로 그렇게 하는 것이 위기를 최소화할 수 있는 좋은 방법이다.

그런데 이 말을 뒤집으면, 비풍초똥팔삼을 제외한 나머지 패는 끝까지 쥐고 있는 것이 유리하다는 의미이기도 하다. 한마디로, 끝까지 포기하지 말아야 할 것이 있는 반면 버려도 좋을 것이 있다는 말이다. 그렇다면 비풍초똥팔삼이야말로 인생철학을 넘어 신앙철학으로 삼아도 좋을 명언이 아닌가!

마치 돈이 인생 최고의 가치인 양 살아가는 사람들이 있다. 혹은 미움을 움켜쥔 채 절대 놓지 않으려는 듯 살아가는 사람들도 있다. 얼마나 바보같은 일인가. 그들은 신앙, 나눔, 용서, 화해 등을 비풍초똥팔삼 정도로 여긴다. 거꾸로 살면 좋을 텐데…. 적어도 신앙인이라면 미움, 질투, 탐욕, 위선, 불신, 고집 등을 비풍초똥팔삼으로 여길 줄 알아야 한다. 심지어 돈까지도 기꺼이 포기할 1순위로 여길 수 있어야 한다. 그나저나 인생철학과 신앙철학까지 담겨있는 이 놀이를 널리 전파해도 좋으련만 도박의 위험이 도사리고 있으니 어쩐담?

"여러분은 더 이상 헛된 마음을 가지고 살아가는 다른 민족들처럼 살아가지 마십시오." 에페 4,17

모기 소동

여름철 무더위에 지치는 것은 평범한 일상에 가깝다. 무더위는 기본이고 덤으로 모기한테 시달리기도 한다. 내가 마음을 곱게 쓰지 못하는 것인지 모르지만 더위는 그나마 용서가 되는데 모기라는 놈은 용서하는 것이 참으로 어렵다. 특히 녀석이 내 잠을 빼앗는 밤에는 반드시 녀석을 잡아서 응징을 해야 직성이 풀린다. 모기 약을 뿌리면 더 쉽지만 직접 손으로 잡아야 한결 뿌듯하고 분풀이가 되는 것 같다. 그런데 방이나 거실 벽면은 내 피부색

만큼이나 어둡다. 달리 말하면 모기들이 은폐하기 쉬운 환경인 것이다. 그래서 모기 때문에 잠을 자지 못해도 보복하기가 쉽지 않다. 내 피를 빨아먹고 통통해진 놈을 그냥 모기약을 뿌려 녀석의 최후를 목격하고 끝내기도 한다. 가끔은 녀석의 시신을 확인하지 못한 채 다시 잠을 청할 때가 있는데 얼마나 속상하고 찝찝한지 모른다.

모기 중에서 중형을 받아 마땅한 놈은 한 우물만 파지 않고 빨대를 여기저기 찔러보는 놈, 식사에 그치지 않고 앵앵거리며 비행을 뽐내는 놈, 후유증이 심한 부위를 찌르는 놈 등이다. 그런데 그 모든 짓을 다 해놓고 은폐하거나 도주에 성공한 놈이 죄질이 가장 나쁜 놈이다. 그런 놈들 때문에 여름밤이 더욱 힘들다. 무덥고 힘든 한여름에는 잠잠히 지내주면 얼마나 좋은가 말이다. 그러다가 선선할 때 출몰하면 신앙인의 한 사람으로서 얼마든지 눈감아 줄 수도 있지 않겠는가! 하지만 녀석들은 눈치는커녕 양심의 가책도 느끼지 않는지 범죄가 갈수록 지능화되고 있다. 때문에 녀석들과의 전쟁도 멈출 수가 없다.

열대야와 모기 때문에 잠에서 깬 어느 날 밤이었다. 범죄를 종합세트로 저지른 모기를 직접 손으로 처단하려 했으나 녀석을 도저히 찾아낼 수 없었다. 나는 약이 바짝 올라 급기야 모기약을 뿌렸다. 그런데도 나타나지 않았다. 한참이 지난 후 결국 약에 취해 정신 줄을 놓은 한 마리가 방바닥으로 낙하했다. 아직 숨이 끊어지지 않은 녀석을 놓고 압사를 시킬지, 화형에 처할지, 심지어 십자가에 매달아 죽일지 잠시 고민하고 있었다.

그런데 갑자기 이런 생각이 들었다. 범죄자 모기가 눈에 잘 띄지 않은 이유가 보호색 때문인 것처럼 우리가 죄를 짓고도 무뎌지는 것은 이미 저지른 죄들이 보호색 역할을 하기 때문이 아닐까? 말하자면 이미 저지른 죄가 새로운 죄를 키우는 것이다. 고해성사의 은총이 필요한 때다.

"너희가 무엇이든지 땅에서 매면 하늘에서도 매일 것이고, 너희가 무엇이든지 땅에서 풀면 하늘에서도 풀릴 것이다." 마태 18,18

무전여행

교구청에서 사는 백현 신부와 함께 주말을 이용해 여행을 떠났다. 목적지도 정하지 않고 무작정 출발했는데 어느새 우리 자동차는 또 다른 동창 윤달수 신부가 주임으로 있는 안면도를 향하고 있었다. 그런데 얼마쯤 지났을까? 퍼뜩 떠오르는 생각에 주머니를 뒤져보았다. 아뿔싸! 아무리 찾아도 지갑이 나오지 않았다. 1박 2일 일정으로 여행을 떠나면서 지갑을 챙기지 않은 것이다. 운전을 하고 있던 백 신부가 당황해 하는 나에게 말했다. "연기력이 대단한데? 전혀 의도적으로 지갑을 놓고 온 사람처럼 보이지 않아!" 여행을 떠나면서 지갑을 놓고 온 중죄인에게 내린 판결치고는 생각보다 가벼웠다. 아니 우정이 느껴지는 투정이었다. 아무튼 그렇게 동전 한 푼 없이 기생여행에 가까운 무전여행을 떠났다.

사람이 돈이 없으면 구차해질 법도 한데 그런 느낌이 전혀 들지 않았다. 평소 같으면 서로 번갈아 가면서 계산하고 다녔을 텐데 돈 없는 놈이 하나 있으니까 동창신부 둘이서 재워주고, 먹여주고, 사주고, 놀아주었다. 심지어 다른 어떤 여행보다도 맛있는 음식을 많이 먹었다. 안면도 주임 윤달수 신부는 사제관에서 손수 전복죽이며 쌈밥 등을 만들어 주기도 했다. 두 신부는 맛있는 것을 사주고 직접 만들어 주면서 큰 행복을 누린다는 표정이었다. 봉달이는 그저 맛있다고, 이렇게 맛있는 음식은 처음 먹어본다고 극찬만 하면 끝이었다. 돈 없이도 행복한 여행이 가능하다니….

사실 장애인사목센터 건립도 마찬가지였다. 돈을 쥐고 시작한 여정이 아니었다. 일단 시작하면 주님께서 이루어 주실 거라는 믿음만 있었다. 그런데 결과는 놀라웠다. 비록 규모는 작지만 아담한 성당과 사무실, 회의실 등이 꾸며졌다. 결코 쉬운 일도 아니었고 내년까지 갚아야 할 빚이 남아있긴 하지만, 불과 2년 만에 필요가 충족으로 바뀐 사실이 놀랍기만 하다. 돈 때문에 아등바등해 본 기억조차 없는 게 더 신기할 따름이다. 오히려 기꺼이 돈을 내고 행복해 하는 천사들을 무수히 보았다. 나눔을 실천할 줄 아는 착한 사람들이 세상에 이렇게나 많다니!

무전여행, 무전건립, 하느님! 감사합니다!

"'주는 것이 받는 것보다 더 행복하다'고 친히 이르신 주 예수님의 말씀을 명심하라는 것입니다." 사도 20,35

박달나무

'박달나무로 5분만 깎아도 저 얼굴보다는 낫겠다'라는 우스갯소리가 있다. 정말 재미있는 표현이다. 사실 박달나무는 완전히 건조되어도 물에 가라앉을 만큼 나무 중에서 가장 단단한 나무다. 그런데 그런 나무를 5분 동안 깎는다고 해봐야 얼마나 깎을 수 있겠는가? 그런데 그것보다도 못생겼으면 도대체 얼마나 못생긴 얼굴이겠는가?

내 삶에 그런 아이가 한 명 있었다. 초등학교 4학년 때

일이다. 담임선생님은 가끔 우리 모두를 복도로 집합시킨 다음, 남자와 여자를 키 순서대로 세운 뒤 책상과 짝을 정해주셨다. 그런데 내 짝이 된 아이가 박달나무로 5분만 깎아도 그보다는 예쁠 그런 아이였다. 사실 그 아이는 못생긴 것은 둘째치고 머리에 서캐와 이가 득실거리고 늘 누런 콧물을 달고 다녔다. 그래서 반 아이들로부터 따돌림을 당하는 아이였다.

아무튼 그 아이가 내 짝이 되는 순간 나는 바보처럼 눈물을 흘렸다. 그러자 선생님이 오래지 않아 다시 자리를 바꿔주겠다고 달랬던 기억이 난다. 지금 생각해 보면 그 아이가 얼마나 상처를 받았을까 마음이 아프다. 정말이지 지금이라도 용서를 구하고 싶다. 물론 너무 어려서 그랬겠지만 그런 행동을 한 봉달이는 박달나무 몽둥이로 맞아도 싸다.

정말 오랜만에 동창신부들이 부모님을 모시고 점심을 함께하기로 했다. 그래서 어머니를 모시러 차를 갖고 아파트 단지 안에 들어갔다. 어머니는 이미 길에서 기다리고 계셨는데 때마침 택시가 오고 있었다. 낼모레면 여든이 되는 어머니는 내 차를 확인한 후 곧장 내게로 오셨다. 갑자기 택시기사가 경적을 울렸다. 순간 어머니는 물론 차 안에 있던 나도 깜짝 놀랐다. 내 생각에 택시가 3초 정도만 기다려 주면 어머니가 내 차에 타실 수 있는데 그 3초를 기다리지 못하고 경적을 울린 것이다. 순간적으로 열이 올라 홧김에 한마디를 내질렀다. “이 양반아! 당신은 안 늙어?” 말을 하고 보니 상대방도 이미 환갑에 가까워 보였다. 어른한테 말을 함부로 한 나도 잘못이지만 노인에게 함부로 하는 그런 어른은 욕을 먹어도 싸다.

도대체 나이는 똥구멍으로 먹은 것일까? 솔직히 그런 사람은 박달나무 몽둥이로 3박 4일은 두들겨 맞아야…. 물론 어른에게 대든 나도 2박 3일은 맞아야…. 때로는 눈물도 참아야 하고, 분노도 다스릴 줄 알아야 하며, 3초 정도의 기다림도 느긋하게 즐길 줄 알아야 한다. 그것이 배려이고 사랑이다. 아무리 인생이 고단해도 박달나무처럼 마음이 단단해져서는 안 된다.

“너희에게 새 마음을 주고 너희 안에 새 영을 넣어주겠다. 너희 몸에서 돌로 된 마음을 치우고, 살로 된 마음을 넣어주겠다.” 에제 36,26

무엇에
혹하느냐

공자孔子는 사십 세를 일컬어 불혹不惑의 나이라 했다. 나이 마흔에 이르면 미혹되지 않고, 정신이 헷갈리지 않는다는 뜻이다. 한마디로 마흔 살 정도가 되면 웬만해선 혹하지 않는다는 말이다. 그런데 이상하다. 봉달이는 칠공년 개띠이므로 이미 마흔이 넘었는데도 매사에 혹惑하고 있다. 맛있는 음식에 혹하고, 좋은 자동차를 봐도 혹하고, 예쁜 여자를 봐도 혹해서 한 번 더 본다. 뿐만 아니다. 어디 놀러 가자는 말에도 혹하고, 몸에 좋은 것이라는 말에도 혹하고, 누가 나를 칭찬해도 혹한다. 욕심만 많고 덕德을 덜 쌓아서 그런지 그야말로 매사에 혹하고 있다. 나이를 더 먹는다고 해서 그 마음이 크게 변화될 것 같지도 않다. 공자가 틀린 말을 했든지, 아니면 내가 나이를 똑바로 먹지 않은 탓일 텐데 모르긴 해도 내 탓이 확실하다. 공자의 말처럼 불혹했으면 좋겠다. 유혹에 둔감했으면 좋겠다.

밥 먹을 때가 되면 배고프다는 말을 하곤 한다. 그런데 이상하다. 배가 고프면 배와 등 사이가 가까워야 하는데 언제부터인지 모르지만 배가 고픈데도 그 간격이 멀다. 말하자면 배가 고픈데도 배가 나와있는 배부른 상태이니 그동안 얼마나 음식에 혹했는지 알 수 있다. 그래서 최근에는 뱃살과의 전쟁을 선포하고 주로 새벽과 밤 시간을 이용해 달리기를 하고 있다. 그런데 운동을 하다보니 무릎과 발이 예전 같지가 않다. 무리하지 말라고 자꾸 신호를 보낸다. 아마도 내 신체는 이미 불혹이 된 것 같다. 나는 배고플 때 배가 쏙 들어가 있는 모습을 상상하면서 그 모습에 혹해 운동을 하고 있다. 그런데 동시에 그냥 예전처럼 편하게 지내는 것도 좋겠다는 쪽으로도 혹하고 있다. 그러고 보니 무엇에 혹하느냐가 관건이다.

사람은 근본적으로 혹하면서 살 수밖에 없는 존재인 것 같다. 그 혹하는 마음이 바로 무언가를 하고자 하는 욕구인데 그것이 없으면 사실 그 좋은 열정도 기대하기 어렵다. 그렇다면 공자의 말씀은 혹할 것에 혹하고, 혹하지 말아야 할 것에 불혹할 줄 알아야 한다는 뜻이 아닐까? 그나저나 예수 믿는 사람이 공자 타령만 하고 있다. 어쨌거나 부질없는 욕망 따위에 혹하지 말고 이제부터라도 예수 그분에게 제대로 혹했으면 좋겠다.

"사람은 저마다 자기 욕망에 사로잡혀 꼬임에 넘어가는 바람에 유혹을 받는 것입니다. 그리고 욕망은 잉태하여 죄를 낳고, 죄가 다 자라면 죽음을 낳습니다." 야고 1,14-15

적과의 동침

여행이나 연수를 가게 되면 항상 그놈의 잠자리가 문제다. 일단 집을 떠나면 아무리 숙소가 고급스럽고 좋더라도 쉽게 잠들지 못한다. 베개나 이부자리가 신통치 않으면 그런 현상은 더욱 심하다. 그리고 설령 방 한 칸을 독차지한다 하더라도 누군가가 숙소에 함께 있는 것만으로도 불편을 느낀다. 행여 신부들이라 하더라도 같은 방에서 동침을 하게 되는 날에는 잠은 다 잤다고 봐야 한다. 어렸을 때는 그 많은 형제들이 한 방에 자면서도 불편을 느끼지 않았는데….

아마도 편한 것에 시나브로 길들여졌기 때문일 것이고, 홀로 생활하는 것이 익숙해진 탓일 게다. 아무튼 대부분의 현대인들은 잠자리가 바뀌면 불편해 한다. 성격이 까칠한 나는 그것이 좀 더 심한 편이다. 그런데 그 모든 것을 극복하고 잠을 청할 수 있게 해주는 명약이 있다. 그 녀석은 다름 아닌 술이다.

술을 마시면 잠자리가 바뀌어도 비교적 쉽게 잠이 든다. 다만 문제는 코 고는 소리다. 평소에도 코 고는 소리가 심하다는데 술 마시고 잠들면 어지간한 사람은 옆에서 잠을 잘 수 없을 정도라고 한다. 한번은 동창신부들이 코 고는 소리를 녹음해서 메일로 보내준 적이 있다. 코 고는 소리를 직접 확인한 것은 처음이었는데 그것은 사람의 소리가 아니었다. 코끼리 정도의 덩치를 가진 짐승이 낼 수 있는 소리였다. 아무리 생각해도 독신으로 살기로 작정하길 잘했다. 지금까지 내가 한 일 중에 가장 잘한 일은 사제가 된 것이다. 아무튼 자랑은 아니지만 코 고는 소리 덕분에 여행가서 독방을 차지할 확률이 높아졌다.

〈적과의 동침〉이라는 영화도 있지만 최근에 적들(?)과 한 숙소에서 잠잘 일이 많았다. 적敵이라고 해봐야 가족·직원·신부들이지만 혼자 지내는 것에 익숙한 나로서는 아무리 가까운 사이라 하더라도 적이 아닐 수 없었다. 물론 상대방은 짐승에 가까운 소리를 내는 봉달이가 더 큰 적으로 느껴졌겠지만 말이다. 적과의 동침을 하면서 이래저래 느낀 점이 많다. 어떤 의미에서는 가정을 이루며 사는 사람들이 사제로 사는 사람보다 더 존경받을 만하다. 정말 놀라운 일이다. 내가 잠들어 있는 것이 누군가에게는 피해일 수 있다니…. 어쩌면 나는 사랑이라는 것도 내 방식대로만 하고 있는지 모른다.

"사실 모든 것이 누구에게나 좋은 것이 아니며 모든 것을 누구나 즐기는 것은 아니다." 집회 37,28

3부

주님은 웃는 사람을 좋아하신다

신부가 행복하면

진!잠!성!당! 신부 된 지 만 12년 만에 첫 본당 발령을 받았다. 사회사목과 장애인사목을 하느라 본당을 떠난 지 이미 9년이 넘어 약간 흥분되었다. 보통은 '…동 성당'이라고 부르는데 '동' 자가 없어서 그런지, 많은 사람들이 완전 시골 동네인 줄 알고 자꾸 묻는다, 거기가 어디냐고. 하긴 행정구역상으로는 대전이지만 충청남도와 경계인 데다가 무엇보다도 사람들 심성이 영락없는 시골이다. 전임 신부가 나에게 해준 첫마디는 "사제관이 겨울에는 춥고, 여름에는 덥다"라는 말이었다. 그런데 내 대답은, "문제없어!"였다. 정말로 그 어떤 것도 문제 될 것이 없었다. 내 생활에 찾아오는 새로운 변화에 대한 기대 때문에 아무 문제없었다. 그런데 막상 살아보니 겨울에 춥고 여름에 더운 것이 현실이었다.

겨울에는 외풍이 만만치 않았지만 난방비를 생각하면 춥게 지내야 했다. 가정방문을 다녀보니 많은 신자들이 전기장판에 의존한 채 보일러를 잠깐씩 가동하면서 춥게 지내고 있었다. 연세 지긋한 어르신들이 난방비를 아끼려 그렇게 지내시는 것을 보면 안쓰러웠다. 그럼에도 나는 보일러를 따뜻하게 가동하면서 지낸다. 언제부턴가 혼자 사는 사람이 춥게 지내면 안 된다고 생각했기 때문이다.

여름에도 마찬가지다. 필요하면 냉방기를 켜고 더위에 지치지 않도록 몸 관리를 한다. 그런데 부임해서 보니 사제관 침실과 주방에 냉방기가 없다. 그나마 거실에 한 대가 있었다. '야, 이 사람아! 그러니까 겨울에 춥고 여름에 덥지!' 전임신부가 동창이라 하는 말이지만 그동안 성인 한 분 나셨다. 아무튼 첫 여름은 어쩔 수 없이 냉방기 없이 지냈다. 하

지만 여름이 지난 뒤 이듬해를 대비해 곧바로 냉방기를 설치했다.

봉달이도 극기와 절제로 냉방기가 있는 데도 일부러 가동하지 않고 여름을 나기도 했다. 그런데 지내보니 그게 좋은 것만은 아니었다. 낮에도 더위에 지쳤는데 열대야 때문에 밤까지 잠을 토막 내면서 못 잤더니 일할 의욕도 나지 않고 능률도 떨어졌다. 신부는 신자들에게 신앙만 전달하는 것이 아니라 가급적 웃음을 주고 기쁨도 줄 수 있어야 한다. 그러려면 최고의 몸 상태를 유지하는 것은 기본이다. 그래서 생각을 고쳐먹었다. 사람들이 나에게 속물신부라고 해도 상관없다. 뭐니 뭐니 해도 겨울에는 따뜻한 것이 좋고, 여름에는 시원해야 좋다. 신부가 행복하면, 신자들도 행복해진다. 돈은 그다음 문제다.

"그날의 행복을 마다하지 말고 바라던 행복의 몫을 놓치지 않도록 하여라." 집회 14,14

덤 인생

신자들 가정방문을 시작했다. 수박 겉핥기 식으로 하는데도 세대수가 많다 보니 만만치가 않다. 처음에는 파악이 좀 되는 듯싶더니 시간이 지날수록 머릿속이 뒤엉켜서 헷갈린다. 이름을 외우려고 예습과 복습을 했는데도 누적인원이 점점 많아지니까 용량초과 증상이 나타난다. 언제 외웠냐는 듯 얼굴을 보고 있는데도 퍼뜩 떠오르지 않는다. 자주 부르지 않아서 더 그런 것 같다. 신학생 때는 신통력을 발휘해 갑작스런 영어 단어 시험에서도 십여

분 동안 스무 개 남짓 되는 단어를 외워서 써내곤 했는데 이젠 다 녹슬었나 보다. 혹시 신자들 이름이 한국어라 그런가? 미·국 사람 이름이면 잘 외워지지 않을까?

워낙 많은 사람들을 만나서 그런지, 아니면 이름 외우는 데 신경을 많이 써서 그런지 알 수 없는 노릇이지만 뒷목이 뻣뻣하고 불편했다. 그러다 말겠거니 했는데 연 이틀 같은 현상이다. 혹시라도 한 방에 훅 가면 어쩌나 싶어 내 발로 병원을 다 찾아갔다. 병원에서는 고혈압이고, 간 기능 수치도 높으니 약을 먹으란다. 이런 젠장, 졸지에 주치의 두 명이 생겼고, 두 달에 한 번씩 병원에 가게 생겼다. 젊은 나이에 매일 약을 챙겨 먹는다는 것이 한심해서 주치의에게 물었다. "약을 졸업하는 방법은 없나요?" 혹시나 살을 뺀다든지 운동을 열심히 하면 되지 않을까 기대를 걸고 질문을 했다. 그런데 그분의 대답이 걸작이다. "걱정하지 마세요. 앞으로 그냥 한 백 년만 드신다고 생각하세요!" 짧고 담백하고 강력한, 그 한 방에 나는 훅 가고 달았다.

약 조제를 기다리고 있는데 어떤 어르신이 오랜만에 아

는 분을 만났나 보다. 어떻게 지내는지, 어디가 아파서 약국에 왔는지 서로 안부를 묻고 계셨다. "나이 드니까 어디도 아프고, 어디도 아프고, 어디도 아프고…." 얼핏 들어도 한 일곱 가지 병을 가지고 있고, 그에 해당하는 약을 드시는 것 같았다.

그때 문득 이런 생각이 들었다. '덤 인생이구나! 평균수명이 길어졌다더니 결국은 의학의 발달과 약의 도움으로 죽음을 미루고 있는 거야. 헉! 그럼 나도 이제부터 덤 인생이다.' 아직 그러기에는 너무 이른 것 같아 약간 씁쓸했다. 그놈의 성질머리만 급한 줄 알았더니 이거 원 별걸 다 서둘러 따라하고 자빠졌다. 그나저나 이제부터 덤 인생인데 어떻게 살아야 한담?

"보라, 하느님께서 주신 한정된 생애 동안 하늘 아래에서 애쓰는 온갖 노고로 먹고 마시며 행복을 누리는 것이 유쾌하고 좋은 것임을 나는 깨달았다. 이것이 그의 몫이다." 코헬 5,17

피하는 것이 상책

성당 뒷산인 산장산에 갔다. 이런저런 생각을 하면서 능선을 따라가다가 내리막길로 막 접어들었는데 뱀이 길을 막고 있었다. 딴생각하면서 넋 놓고 걷는 바람에 하마터면 뱀을 밟을 뻔했다. 얼마나 놀랐는지 모른다. 가끔 뱀을 만나기는 하지만 보통은 지들이 알아서 피하는데 이 녀석은 맛이 간 놈인지 겁대가리를 상실한 놈인지 등산로 한가운데 똬리를 틀고 앉아서 꼼짝을 하지 않았다.

잠시 놀란 가슴을 쓸어내린 후 정신을 가다듬고 아주 짧고 강한 어조로 소리쳤다. "야!" 눈치 빠른 사람들은 다 안다. 뱀한테 겁을 준 것이 아니라 본인이 살짝 겁먹었다는 것을…. 그래도 꼼짝을 하지 않아 다시 말을 걸었다. "야~아!" 겁먹었으니까 얼른 비켜달라는 뜻인데 녀석 참 융통성 없다. 생각이 있는 놈인지 없는 놈인지 모르겠다. 그냥 좋은 말로 할 때 가면 좋을 텐데….

난감했다. 그리고 괜히 자존심마저 상하는 기분이 들었다. 그래서 어쩔 수 없이 무력을 사용하려는 마음을 먹었다. 작전상 일단 뒤로 물러나 나무 막대기를 찾아보았다. 작은 막대기는 주변에 널려있었지만 눈에 들어오지 않았다. 내가 공격을 시도할 때 녀석이 달려들 수도 있겠다 싶어 긴 막대기를 찾았다. 마침 멀지 않은 곳에서 적당한 길이의 막대기를 주워 그것을 꼭 쥐고 조금 전보다는 용감해진(?) 모습으로 다시 돌아왔다. 때마침 녀석은 아주 태연하게 숲으로 기어들어가고 있었다. '짜식! 진작 그럴 것이지.' 그런데 마치 느린 화면을 보고 있다는 착각이 들 만큼 녀석의 행동은 느긋했다. 대충 봐도 내가 무서워서 자리를 피하는 것 같지는 않았다. 아마도 자리를 뜰 때가 되었나 보다.

떠나면서까지 사람을 농락하다니! 사람을 앞에 두고 버르장머리 없이…. '내 이 녀석을 그냥 확~.'

뒤쫓아 가서 본때를 보여주고 구겨진(?) 자존심을 세울까 하다가 관뒀다. 그렇게 해봐야 뭐하겠는가! 똥은 무서워서 피하는 것이 아니라 더러워서 피할지 모르지만 뱀은 다르다. 쓸데없이 가까이하다가 자칫 물릴까 무서워서 피하는 거다. 더럽든, 징그럽든, 무섭든, 좋지 않은 것은 피하는 것이 상책이다.

"지혜로운 이는 조심해서 악을 피하지만 우둔한 자는 마음 놓고 굳게 믿는다." 잠언 14,16

아무 데나 드나드는 거 아니다

갈매기 한 마리가 '갈매기살'이라고 쓰인 식당 문을 향해 전진하는데, 이때 스포츠 중계방송을 독특하게 하던 그 어떤 분의 억양으로, "아! 이거 아니죠!"라고 멘트를 날리는 광고가 있다. 아주 인상 깊은, 지금 생각해도 웃음이 절로 나오는 광고다. 갈매기와 '갈매기살'은 아무런 연관이 없지만 상황 자체만으로도 웃지 않을 수 없는 기발한 광고다. 그 광고의 한 장면과도 같은 일이 오늘 새벽미사 때 있었다. 우리 성당 월요일 새벽미사는 상대적으로 참

석자 수가 적어서 2층 본당이 아니라 1층 소성당에서 봉헌한다. 그래서 생긴 일이다.

강론을 막 시작하는데 뒤에서 개 한 마리가 들어왔다. 한 눈에 봐도 몹시 지치고 인생이 고달파 보이는 모습이었다. 아니지? 인생人生이 아니라 견생犬生이라고 해야 맞겠지? 아무튼 초췌한 모습의 개 한 마리가 미사에 참례(?)했다. 성당이 누구에게나 개방된 공간이라고는 하지만 마당도 아니고, 이건 좀 아니지 싶었다. 그래서 잠시 강론을 멈추고, 소란의 주인공인 개를 밖으로 내보내도록 했다. 그리고 미사를 계속해서 봉헌했다.

그런데 성찬의 전례를 하고 있는데 자꾸 분심이 들었다. '갸는 신성한 성전에 왜 들어왔을까?' '정말로 미사참례를 하고 싶었을까?' '아무리 그래도 그렇지, 여기 소성당은 주방이 붙어있고, 여차하면 식당으로 변하는 곳인데….' '아참! 엊그제 바자회 때 한 마리, 어제도 한 마리가 바로 이곳에서 일용할 양식이 되었는데…. 아니, 그런 곳을 겁대가리 없이 들어왔단 말이야?'

'그러고 보니 선배들(?)을 요리하신 분들이 미사에 참례하고 있는데….' 생각이 거기까지 미치자 하마터면 웃음이 터져 나올 뻔했다. 파견강복 전에 그 말씀을 드렸더니 아침부터 모두 빵 터졌다. '대체 쟈는 신성한 성전이자 멍멍이들이 저승 가기 쉬운 이곳에 무슨 생각으로 들어왔을까? 애완견이라 몇 그릇 안 될 것 같았는데….' 현관문 밖에서 웅크리고 있던 그 녀석은 미사를 마치고 돌아가는, 관심을 보이는 것 같은 한 자매님을 졸졸 따라갔다. 버림을 받았는지 기댈 곳이 필요한 것 같았다. 자기를 거두어 주고 먹을 것만 준다면 누구라도 주인으로 섬길 태세다. 딱하다. "근데 이 녀석아! 앞으로는 아무 데나 드나드는 거 아니다. 번지수는 제대로 찾아야 하는 법이야. 번지수, OK?"

"당신께서는 힘없는 이들에게 피신처가, 곤경에 빠진 가난한 이들에게 피신처가 되어주시고 폭우에는 피난처, 폭염에는 그늘이 되어주셨습니다." 이사 25,4

웃는 사람

〈개그콘서트〉에 '감수성'이라는 코너가 뜬다고 해서 몇 번 본 적이 있다. 한 번이라도 본 사람들은 알겠지만 어떤 내용이 전개되다가 중간중간에 일정한 배경음악이 깔리면서 감수성이 풍부해진 사람이 한마디 툭 하고 던진다. 그러면 상황이 반전되면서 자연스럽게 웃음을 주는 내용이다. 뭐든 거듭되면 식상해지듯이 이 코너도 그렇게 되겠지만 적어도 지금은, 더구나 가끔 한 번씩 보는 나로서는 볼 때마다 한바탕 웃는다. 교구청의 어느 후

배 신부는 '감수성'에서처럼 상황이 반전될 때마다 자기 입으로, 또는 휴대전화기로 배경음악을 깔면서 한마디씩 던져서 사람들을 웃기곤 한다. 아무튼 '감수성'은 아주 재미있다.

그런데 며칠 전 개그콘서트의 '감수성'과 같은 상황이 벌어졌다. 동창신부를 만났는데 이미 저녁은 먹은 뒤라, 가볍게 소주 한잔 하려고 중국집에 들어가 깐풍기를 시켰다. 그런데 음식 양이 너무 많아보였다. 그래서 음식을 보자마자 둘이서 "와우~" 하면서 놀랐다. 그러자 아줌마가 이렇게 말씀하셨다. "음식 남으면 포장해 주니까 집에 가서 아이들 주세요! 아이들이 좋아해요!" 그 말씀을 듣자마자 아이는커녕 아내도 없는 두 신부가 서로 눈을 마주 바라보며 감수성이 풍부해졌다. 그리고는 울먹이는 목소리로 툭 한마디를 던지며 술잔을 부딪쳤다. "A~ 우린 아이들이 없는데…." 방송의 한 장면으로 써도 손색이 없을 정도였다. 그리고는 얼마나 웃었는지 모른다.

개그콘서트에는 '네 가지'라는 코너도 있다. 거기에 뚱뚱

한 개그맨이 나온다. 원래 덩치 크고 뚱뚱한 사람이 의외로 귀여운 구석이 있긴 하지만 이 사람은 정말이지 귀염덩어리다. 더구나 웃기는 연기를 얼마나 잘하는지 모른다. 개그맨이라고 하더라도 자연스러운 웃음은 쉽게 줄 수 있는 것이 아니다. 타고난 재능도 있어야겠지만 열정이 어우러지지 않는다면 그토록 자연스러울 수는 없을 것이다. 그래서 더욱 마음에 드는 개그맨이다.

아무튼 웃음 주는 일을 직업으로 삼는 사람들이 있다는 것은 웃음이 그만큼 필요하다는 얘기다. 그래서 나는 신자들에게도 가급적 웃음을 주고 싶다. 그 마음이 통했는지 대부분의 신자들은 재미있지 않아도 잘 웃는다. 그런데 잘 웃지 않는 분들도 있다. 무표정이 습관이 되어버린 분, 걱정이 많아 웃지 못하는 분도 계신 것 같다. 무표정은 버리고 걱정은 주님께 맡기자. 주님은 웃는 사람을 좋아하신다.

"여러분의 모든 걱정을 그분께 내맡기십시오. 그분께서 여러분을 돌보고 계십니다." 1베드 5,7

늘
있어야 할
자리

본당을 떠나 피정을 갔다. 피정강의는 어느 수도회의 수사신부님이 하셨는데 인간수면제 외에는 달리 표현할 말이 없을 만큼 뛰어난 능력(?)을 지닌 분이었다. 일단 강의를 듣는 사람과 눈을 마주치지 않았고, 본인이 소화한 얘기를 하는 것이 아니라 남이 쓴 책을 읽어주는, 거의 폭력에 가까운 강의였다. 그럼에도 피정은 좋았다. 그게 어떻게 가능할까? 강의 이외의 시간에 자연과 함께해서 좋았고, 무엇보다도 떠남 자체가 의미가 있었던 것 같다. 머물러 있기만 하면 내가 있는 곳이 얼마나 소중한지 잘 모를 수도 있고, 반대로 내가 머물러 있는 곳에 집착할 수도 있다. 그래서 가끔은 떠나는 것이 필요하다. 균형감각과 중심을 잡아주기 때문이다. 내가 머물고 있는 곳이 늘 있어야 할 자리는 아니다.

사제들은 1년에 4박 5일씩 의무적으로 피정을 한다. 우리 신자들도 여건이 허락하는 한, 길게는 아니더라도 자기 자신에게 그런 시간을 줄 수 있으면 좋겠다. 그런 시간을 통해 균형감각도 되찾고 하느님의 것은 하느님께 되돌려 드리는 지혜도 배울 수 있다. 살면서 내 것이라고 착각할 때가 많다. 아니 그런 일이 대부분인지도 모른다. 그런데 내 것이라고 할 수 있는 것은 사실상 없다. 내 것이라고 착각하고 있을 뿐이다. 엄밀하게 말하면 그것은 모두 하느님의 것이다. 우리는 그저 관리자일 따름이다. 관리자가 주인 행세를 하면 안 된다. 관리자는 관리를 잘하면 그뿐이다.

비 오는 날이면 성당 입구 여기저기에 우산이 어지럽게 널려있는 모습을 쉽게 볼 수 있다. 그리고 미사가 끝나면 사람들이 자기 우산을 찾느라 한바탕 작은 소란이 빚어지곤 했다. 단순하게 생각했다. '왜 이렇게 어수선하고 불편하지? 그러고 보니 우산꽂이가 없네?' 그래서 입구 적당한 곳에 녹슬지 않는 재질로 우산꽂이를 만들어 설치했다. 한꺼번에 많은 우산을 꽂을 수 있도록 칸을 만들었기 때문에 일단은 가지런해서 보기 좋았다. 더불어 자기 우산을 쉽게 찾아가는 모습을 보니 흐뭇하기까지 했다. 장마철이 되자 몇몇 분들이 우산꽂이 생각을 어떻게 했냐면서 정말 잘했다고 칭찬하셨다. 어찌나 칭찬을 빨리 해주시는지…. 그 누구도 우산꽂이가 없다고 불평하지 않았다. 그러나 그것이 그 자리에 있으니 좋다.

"주님께서는 한처음 당신의 작품들을 창조하실 때부터, 그것들을 지으실 때부터, 제자리를 각각 정해놓으셨다." 집회 16,26

술을
부르는
신부

'주먹을 부르는 얼굴'이라는 표현이 있다. 왠지 이 말은 무섭다기보다 익살스럽다. 과연 어떻게 생겨야 '주먹을 부르는 얼굴'일까? 그냥 보기만 해도 주먹을 불끈 쥐고 한 대 때려주고 싶은 그런 얼굴이 있을까? 아무리 생각해도 그냥 우스개로 만든 말이지 싶다. 혹시 '주먹을 부르는 표정'이나 '주먹을 부르는 말'은 있을지 모르겠다. 그런 표정을 보이거나 말을 한 것도 아닌데 생김 그 자체로 주먹을 부르는 얼굴이라면 그 사람은 정말로 억울할 것 같다.

타고난 얼굴이 주먹을 부른다면 억울하게 생겼다고밖에는 달리 할 말이….

'술을 부르는 안주'라는 표현도 있다. 술을 즐겨 마시는 사람들은 어떤 음식을 보면 안주로 생각한다. 술과 함께 먹을 생각을 하는 것이다. 술 없이도 고유의 음식 맛을 얼마든지 즐길 수 있는데 애주가들은 술과 함께 먹어야 제맛이라고 여긴다. 아니, 안주를 어떻게 술 없이 먹을 수 있냐고 한다. 그러니까 애주가愛酒家다. 실제로 술과 잘 어울리는, 안주의 성격을 지닌 음식들이 있긴 하다. 그런데 술을 부르는 것은 안주만이 아니다. 질겅질겅 씹을 수 있는 이야깃거리도 좋은 안주다. 하지만 뭐니뭐니해도 술을 부르는 것의 으뜸은 말이 잘 통하고 죽이 잘 맞는 사람, 이른바 '술을 부르는 사람'이다. 기분을 전환시켜 주거나 기분을 더 좋게 해주는 것은 술이 아니라 마주 앉은 사람인지도 모른다.

봉달이는 '술을 부르는 신부'이고 싶다. 가끔은 그런 것 같기도 하다. 함께 음식을 먹는 사람들이 술을 잘 마신다. 그런 사람들을 만나기 때문이기도 하겠지만 술을 즐기지 않던 사람들도 "오늘은 술맛이 이상하게 달다"라고 한다. 아마도 듣기 좋으라고 하는 말이리라. 그런데 듣기 좋으라고 하는 말인지 아는데도 기분이 좋다. 이거 병인가?

정말이지 나는 '술을 부르는 신부'이고 싶다. 나 때문에 화가 나서 술이 당기는 그런 거 말고, 나와 함께라면 즐기지 않던 술도 달게 느끼는 그런 거 말이다. '술을 부르는 신부!' 멋진 말이다. 많은 사람에게 그런 존재이고 싶다. 나이를 떠나서 친구가 되어주고 싶고, 힘이 되어주고 싶고, 예수님이 되어주고 싶다. '술'이라는 아이가 마냥 가까이 지내도 되는 녀석이 아니기 때문에 실제로 모든 이에게 '술을 부르는 신부'가 되어줄 수는 없다. 그러나 마음만은 모든 이를 위한 '술을 부르는 신부'가 되고 싶다.

"약한 이들을 얻으려고 약한 이들에게는 약한 사람처럼 되었습니다. 나는 어떻게 해서든지 몇 사람이라도 구원하려고, 모든 이에게 모든 것이 되었습니다." 1코린 9,22

본당신부는 각성해야

본당신부로 지내면서 가장 행복한 순간 중에 하나가, 발음도 제대로 안 되는 3-4세 어린아이들이 "신부밈!" 하면서 팔을 벌리고 달려와 안아주고 뽀뽀해 줄 때다. 얼마나 예쁘고 사랑스러운지 자라지 않고 그대로 멈춰도 좋겠다는 생각을 한다.

그런데 처음부터 그랬던 것은 아니다. 워낙 좋은(?) 인상인 데다가 늘 검정수단을 입고 있어서인지 처음에는 아이들이 무서워했다. 그런데 시간이 지나면서 아이들과 점점 친해졌다. 아이들 앞에서 자상한 척했던 봉달이의 노력도 한몫했겠지만 어머니들의 신앙교육과 한번 안아주라는 세뇌가 있었음에 틀림없다. 이유야 어찌 되었든 어린아이들이 먼저 손 내밀고 다가오면 기분 끝내준다. 꾸밈이 없는 어린 아이들이 좋아해 준다는 자체가 행복이다.

엊그제 본당에 견진성사가 있었다. 미사집전을 위해 교구장 유흥식 라자로 주교님이 오셨다. 주교님은 특유의 미소로 신자들과 인사를 나누셨고, 특히 미사 전과 후에 무려 아홉 명이나 되는 복사단 어린이들과 일일이 악수하고 대화를 나누며 특별히 사랑해 주셨다. 그러한 주교님의 특별한 관심은 얼핏 봐도 사제성소를 키워주려는 마음이 담겨있었다. 그런데 아이들과의 대화가 계속 불발탄이었다. 어찌나 웃기기도 하고 민망하던지….

주교님: "우리 친구는 꿈이 뭐야?"

어린이 A: "그런 거 없는데요?"

주교님: "본당신부님 어떻게 생각해? 멋있지?"

어린이 A: "그저 그런데요?"

주교님: "본당신부님 좋으시지?"

어린이 B: "글쎄요!"

주교님: …

주교님: "우리 친구는 꿈이 뭐야?"

어린이 C: "과학자요!"

주교님: "우리 친구는 꿈이 뭐야?"

어린이 D: "과학자요!"

주교님: "우리 친구는 신부님 될 생각 없어?"

어린이 E: "없는데요!"

주교님: …

아이들의 대답을 들으면서 살짝 서운하기도 했지만 웃음이 먼저 나왔다. '이눔의 짜식들! 어찌나 융통성도 없고, 사회성도 없는지….' '주교님도 그렇지, 대답을 제대로 해줄 녀석을 골라서 물어보시지….' 그런데 그게 어린이다. 꾸밈이 없는 게 어린이다. 꾸밈이 많은 어른 잘못이지 꾸밈이 없는 어린이들은 아무 잘못이 없다. 이 기회에 멋있지 못한 본당 신부는 각성해야 한다.

"너희가 회개하여 어린이처럼 되지 않으면, 결코 하늘나라에 들어가지 못한다." 마태 18,3

도가
지나치면

미사 때에 파리나 초파리 따위가 제대 위에서 알짱거리면 얼마나 성가신지 모른다. 그런데 하루 이틀도 아니고 한동안 거의 매일 녀석들에게 시달렸다. 더구나 한 마리도 아니고 여러 마리가 한꺼번에 날아다니면서 행패를 부리면 미사 중임에도 살해본능이 발동하곤 한다. 그러나 어쩌겠나, 미사 중인데…. 하느님께 제사를 드리는 사제의 표정은 거룩해야 마땅하다. 그러나 생각은, '미사 끝나기만 해봐! 니들 다 뒈졌어!' 미사가 끝난 뒤, 무기를 갖고 다시 제대를 찾으면 녀석들도 신자들과 함께 복음을 전하러 갔는지 어느새 자취를 감추고 없다. 그럴 때마다 더 열을 받는다. 그렇다고 미사 중에 잡을 수도 없고….

엊그제 미사 때는 파리 한 마리와 초파리 두 마리가 알짱거렸다. 그동안 당한 것을 생각하면 없애버리고 싶은 마음 굴뚝 같은데 날아다니는 것들이라 여의치 않았다. 그런데 마침 파리가 성체포 위에 앉았다. 내가 공격을 감행할 수 있는 사정권 안에 들어온 것이다. 더구나 녀석의 몸이 많이 무거워 보였다. 그런데 마땅한 무기가 없었다. 그나마 눈에 띄는 것이 성작덮개였다. 아무도 눈치채지 못하게 성작덮개로 녀석을 살며시 덮고 나도 모르게 평소의 감정이 실렸는지 살짝 눌렀다. 녀석의 갈비뼈(?)가 부러지는 듯한 소리가 났다. 물론 바로 옆에 있던 복사 어린이는 그 모든 것을 다 지켜보고 있었다. 복사 어린이의 표정이 곱지 않았지만 나도 어쩔 수 없었다. 다시 오기 어려운 기회였기 때문이다. 미사가 끝날 무렵, 덮개를 살짝 열어보았더니 신음소리(?)를 내고 있었지만 아직 죽지는 않았다. 그래서 바닥으로 떨어뜨렸고….

제의를 벗자마자 성체포와 성작덮개를 제대회 봉사자에게 주면서 다짜고짜 빨아달라고 했다. 자매님은, '깨끗한 것 같은데 왜 그러지?' 하는 표정이었다. 며칠 후 제대회 회장님이 무슨 문제가 있었냐고 물었다. "파리!"라고 단 한마디만 했을 뿐인데 금방 알아들었다.

사실 녀석들의 행패는 최근에 도가 지나쳤다. 미사 중이라 어쩔 수 없었지만 끊임없이 용서를 해주는데도 녀석들의 행패는 멈추지 않았다. 물론 그 결말은 죽음이었다. 문득 하느님을 향한 내 행패가 무수히 떠오른다. 그리고 그분의 용서를 느낀다. 나는 기억해야 한다. 어지간하면 봐주지만 도가 지나치면 죽는다는 것을!

"같은 죄를 두 번 짓지 마라. 정녕 단 한 번의 죄악도 벌을 면할 수 없으리라." 집회 7,8

볼 수
있는 눈

월요일에는 예외 없이 신부들을 만나 운동도 하고 술잔도 기울이면서 하루를 꽉 채우고 밟아서 논다. 귀한 자유시간을 만끽하는 것이다. 지난 월요일에도 교구청으로 갔다. 운동하러 가기 위해 백 신부 차에 가방을 싣고 차를 타려고 하는데 곽명호 신부님이 잠시 기다려 달라고 하셨다. 자동차에 열쇠를 넣은 채 문이 잠겨서 서비스를 신청했다는 것이다. 보조열쇠 없으시냐고 했더니 하필이면 오늘따라 보조열쇠까지 같이 챙겨서 가방에 넣어왔는데 자동차 문이 잠겼다고 하셨다. 진짜로 일이 꼬이려고 하면 그런 식이다.

아무튼 잠시 후 도움 줄 아저씨가 도착하셨다. 그런데 그분이 차에서 내리자마자 이렇게 말씀하셨다. "혹시 어제 펑크가 나서 불렀던 차 맞나요?" 주변에 있던 우리들은 그 말에 웃지 않을 수 없었다. 곽 신부님은 머쓱한 표정을 지으면서 대답을 얼버무리셨다. 어제에 이어 연이틀 불렀으니 그야말로 대·략·난·감이었다. 그런데 또 이어지는 아저씨 말씀, "열쇠가 든 가방이 트렁크에 있지는 않죠?" 누군가 대답했다. "트렁크에 있는데요?" 또 한바탕 크게 웃었다. 워낙 성능 좋은 자동차라 강제로 열면 경고음이 계속 울리는 데다가 트렁크도 함부로 열 수 없는 구조였다.

그러나 아저씨는 자동차를 능숙하게 열고 비교적 간단하게 문제를 해결해 주셨다. 일을 마치고 되돌아가시는 아저씨에게 내가 한마디 했다. "내일 또 오셔야 할지도 몰라요!" 우리는 또 한바탕 웃었고, 아저씨는 별다른 표정도 말씀도 없이 가셨다. 아저씨는 아무 말씀이 없으셨지만 봉달이 귀에는 자꾸 아저씨의 말이 들려왔다.

말이 없다고 해서 의사意思를 전달하지 않았다고 할 수는 없다. “혹시 어제 펑크가 나서 불렀던 차 맞나요?” “열쇠가 든 가방이 트렁크에 있지는 않죠?” 이 두 번의 질문 다음에 아저씨는 아무 말씀도 하지 않으셨지만 분명히 내 귀에는 들렸다. ‘이 자동차 주인 양반, 완전 사고뭉치시구먼!’ 그리고 내가 “내일 또 오셔야 할지도 몰라요!”라고 말했을 때도 대꾸하시지는 않았지만 나는 들었다. ‘설마 내일 또?’

꼭 말을 해야만 들리는 것은 아니다. 입으로 내뱉지는 않았어도 들을 수 있는 귀가 있다. 그것은 우리의 마음이다. 꼭 눈에 보이는 것만 존재하는 것은 아니다. 하느님도 눈에 보이지 않는다. 그러나 우리는 눈에 보이지 않는 하느님을 볼 수 있는 눈이 있다. 그것은 우리의 영혼이다.

“세상이 창조된 때부터, 하느님의 보이지 않는 본성 곧 그분의 영원한 힘과 신성을 조물을 통하여 알아보고 깨달을 수 있게 되었습니다.”
로마 1,20

감사할 줄 아는 마음

교육방송EBS은 흥미로우면서도 유익해서 좋다. 최근에 즐겨보는 것은 〈장수가족〉이라는 프로그램인데 배울 것이 참 많다. 건강하게 장수하는 분들에게는 몇몇 공통된 특징이 있다. 대부분 밝고, 긍정적이고, 새로운 도전이나 변화를 두려워하지 않고, 가족이나 이웃들로부터 사랑을 많이 받는다는 것이다. 최근에는 103세 할머니의 일상생활에 대한 이야기가 나왔다. 할머니가 즐겨 드시는 음식이 있었는데 김치찌개였다. 봉달이도 청국장과 함께 김치찌개를 최고로 좋아하는데…. 왠지 나도 오래 살 것 같다.

그런데 내가 즐겨먹는 김치찌개와 할머니의 김치찌개는 다른 점이 있었다. 할머니가 드신다는 찌개에는 돼지고기가 보이지 않았다. 그 순간 앞으로는 돼지고기를 뺀 김치찌개를 먹어야겠다는 생각이 들었다. 아니, 뭐, 꼭 103세까지 살고 싶어서 그런 것은 아니다. 아무래도 건강하게 살려면 보고 배워야 할 것 같아서…. 건강에 좋다는 생각 때문일까? 돼지고기 대신 멸치로 국물 맛을 냈는데 오히려 더 맛있는 것 같다. 김치찌개는 참 신기한 음식이다. 자주 먹다 보면 질릴 것도 같은데 전혀 물리지가 않는다. 오히려 끓일수록 더 맛있고 더 당긴다. 발효음식이라 그런가 보다. 아무튼 며칠째 먹고 있는데 그래도 정말 맛있다.

그래서였을까? 정신없이 먹다가 혀를 잘못 놀렸다. 하마터면 밥 먹다가 혀 깨물고 죽을 뻔했다. 혼자 밥 차려 먹으면서 뭐가 그렇게 맛있고 행복하다고 혀까지 깨물었나 싶어 웃음이 나왔다. 혼자 웃으면서 감사하는 마음이 들었다. 가족들이 함께 모여 정다운 대화를 나누며 따뜻한 밥을 먹는 여느 가정의 풍경은 사제관에 없다. 거의 늘 혼자서 밥상을 차린다. 그런데도 왜 그렇게 맛있고 행복한지 모르겠다. 적어도 아직까지는 혼자라서 외롭다거나, 혼자라서 입맛이 없다거나 그래 본 기억은 없다.

혹시라도 외로울 것 같으면 사람들을 만난다. 혼자일 때는 그냥 그 시간을 편하게 즐긴다. 비교적 긍정적이고 작은 것에도 만족하고 행복해하는 내 모습이 스스로 생각해 봐도 기특하다. 그나저나 이러다가 103세까지 장수하면 어쩐담? 혀 깨물고도 웃으면서 감사할 줄 아는 마음을 주신 하느님은 찬미 받으소서!

"감사하는 사람이 되십시오. 그리스도의 말씀이 여러분 가운데에 풍성히 머무르게 하십시오. 지혜를 다하여 서로 가르치고 타이르십시오. 감사하는 마음으로 하느님께 시편과 찬미가와 영가를 불러드리십시오."
콜로 3,15-16

배려할 줄 알아야

둔산동본당 주임으로 부임한 백 신부 사제관에 놀러 갔다가 저녁이 되어 가까운 횟집에 들어갔다. 백 신부는 그 자리에 나의 큰누나와 매형을 초대했다. 신자가 6천 명도 넘는 본당의 주임신부가 지위 꽤나 있는 신자들도 많을 텐데 내 가족을 불러주니, 나도 신부지만 영광(?)이었다. 우린 그렇게 누나 부부와 음식을 기다리고 있었다. 그런데 건너편에 앉아서 회를 먹던 사람이 도우미 아주머니를 부르더니 회를 이런 식으로 썰면 안 된다는 말부터 시작해서 회에 대해 뭐 좀 아는 척을 했다. 그러더니 ㅇㅇ횟집에 전화해 보라고, 그 집은 예약하기도 어렵다면서 장사를 이런 식으로 하면 안 된다는 말까지 쏟아냈다. 아주머니는 아무 말도 못하고 얼굴만 빨개졌다. 살짝 화가 난 봉달이는, "여기, 소주 한 병 주세요!"라고 소리치며 그의 입을 막아버렸다. 말을 끊은 것이다.

본의 아니게 들었는데 그는 특허청에서 근무하는, 나이도 먹을 만큼 먹은 사람이었다. 좋은 직장 다니며 차림새도 멀끔한 사람이 대체 왜 식당에서 쓸데없는 말을 하는지 도무지 내 상식으로는 납득이 되지 않았다. 특허청에서 근무한다는데 모르긴 해도 자기보다 약한 사람 마음을 오그라들게 하는 기술 특허를 내면 1등 하겠다! 다른 손님들 기분 잡치게 하는 기술 특허도 출원만 하면 금방 인증 받겠다!

모름지기 사람은 약자를 배려할 줄 알아야 한다. 맛이 없거나 식당이 마음에 들지 않으면 다음에 다시 가지 않으면 그만이다. 더구나 그런 말은 주인에게 할 말이지, 도우미 아주머니에게 할 말은 아니다. 술을 많이 마시고 주정을 부리는 것도 아니었는데 별 희한한 놈을 다 봤다.

까다롭기로 치면 봉달이 입도 만만치 않다. 물론 우리는 그 사람이 먹은 음식과는 다른 종류의 음식을 먹었다. 하지만 하나를 보면 열을 아는 법! 그 집 음식 맛있기만 했다. 그나저나 봉달이는 오지랖도 참 넓다. 우리한테 친절했던 아주머니가 그 손님 때문에 기분 상했을까 봐 택시비 하라고 살짝 봉사료를 드렸다. 세상에 다 그런 사람만 있는 것은 아니니 기분 풀라는 소박한 뜻이었다. 작은 호의에 아주머니는 그나마 표정이 밝아진 것 같았다. 다행이었다 구원救援은 먼 데 있지 않다. 약한 사람을 배려하는 것, 그 안에 작은 구원이 있다.

"여러분이 선을 행하여 어리석은 자들의 무지한 입을 막는 것이 하느님의 뜻입니다." 1베드 2,15

장사가 안 되는 것은

영명축일 행사를 하지 않으려고 손님신부에게 주일미사를 맡기고 본당을 떠났다. 해마다 축하행사를 하는 것보다 피정하는 마음으로 지내는 것도 좋을 것 같았다. 동창 백 신부를 꼬드겨서 지리산 둘레길을 걷기로 하고 함께 떠났다. 생각해 보니 사순시기에 여행을 한 기억이 없다. 왠지 아주 특별한 여행이 될 것 같았다.

이른 봄 산수유 꽃으로 이름난 전라남도 구례에 거의 다

다를 무렵, 백 신부는 관리를 하지 않아 진입로도 울퉁불퉁하고 허름한 어느 주유소로 들어갔다. 그러고는 이렇게 말했다. "가득이요!" 봉달이는 자동차 무게를 줄이려고 늘 5만 원, 7만 원, 이런 식으로 주유한다. 그런데 백 신부는 늘 폼나게 "가득이요!"라고 말한다. 그런데 그게 뭐라고 매번 멋있어 보인다!

그나저나 주유소 사장님의 아내로 보이는 아주머니가 뜻밖에도 가득 넣어줄 수 없단다. 2만 원어치만 넣으란다. 가득 넣으면 주유소 기름이 바닥난다나 뭐라나…. 보통은 가득 넣어달라면 좋아하는데 안 된단다. 지금까지 한 번도 경험해 보지 못한 황당한 상황이었다.

백 신부: "그럼, 5만 원어치라도!."

아줌마: "안 되는데요! 2만 원만 넣으세요!"

백 신부: "그럼, 3만 원어치라도!."

아줌마: "OK! 3만 원!"

시트콤 찍는 것도 아니고 웃겨서 자빠질 뻔했다. 봉달이가 아주머니에게 물어보았다. "어째 이런 일이…." "그러게요! 우리 사장님이 공급량 예측을 잘 못해서…." 아주머니가 일하고 있는 것도 그렇고, 아무래도 사장님은 정신이 다른 데 있나 보다. 기름이 떨어졌으면 빨리 채워넣든지…. 참 웃기는 주유소다. 머지않아 망할 것 같다.

숙소를 정한 뒤, 부위를 골라먹는 소고깃집에 들어갔다. 소고기는 돼지삼겹살 값 정도로 저렴했는데 고기를 파는 아저씨는 불친절하고 퉁명스러웠다. 더구나 우린 400그램도 남을 것 같은데 고기를 많이 얹으면서 잔말 말고 먹으라는 듯했다. 참다 못한 봉달이가 거칠게 한마디 했다. "400그램만 먹겠다고요! 예?" 아저씨는 내 더러운(?) 인상과 내 말에 기가 눌린 것 같았다. 옆에서 백 신부가 내게 말했다. "그러잖아도 내가 한마디 하려고 그랬는데…." 백 신부가 잔소리하도록 조금 더 참을 걸 그랬다. 기분도 맛도 별로라 우린 그 집에서 고기를 반 정도만 먹고 나왔다. 그리고 다른 식당으로 자리를 옮겨 돼지고기 삼겹살을 맛있게 구워 먹었다. 식당은 한번 가보면 안다. 다음에 또 갈 집! 다시는 안 갈 집! 경기가 안 좋아서 장사가 안 되는 것만은 아니다.

"누구나 자기 좋은 것을 찾지 말고 남에게 좋은 것을 찾으십시오."
1코린 10,24

관리

최근에 얼굴 점을 뺀 사람들을 봤다. 얼굴이 전보다 맑고 깨끗해서 보기 좋았다. 느닷없이 '요즘 삶이 너무 단조로운 것 같은데 변화 좀 줘볼까?'라는 생각이 들었다. 그때부터 거울을 볼 때마다 얼굴은 보이지 않고, 얼굴에 있는 점만 보이는 이상한 현상이 생겼다. 그리고 텔레비전에 나오는 연예인들 얼굴은 잡티 하나 없이 깨끗하다는 사실도 깨달았다. 사실 워낙 까만 피부라 점이 있는지조차 모르고 지냈는데 2년 가까운 금연 덕분인지 요즘에는 점이 도드라져 보였다. 그래서 며칠 본당을 떠나있는 틈을 타 용감하게 일을 저질렀다.

얼굴 여기저기에 마취연고를 바르고 약 20여 분 정도 기다렸다. 잠시 후 의사선생님이 들어오더니 왜 이렇게 피부 관리를 하지 않았느냐고 말씀하셨다. 평범한 남자가, 더구나 신부가 무슨 피부에 신경을 쓰면서 살았겠는가! 그런데 그 '관리'라는 말이 내 마음에 꽂혔다. 맞다! '사람은 하느님이 주신 것을 관리해야 한다.'

그런데 나는 관리를 하지 않았다. 사실 하느님은 내게 점을 주시지 않았다. 대부분 여드름 관리를 잘못해서 점으로 변한 것들이었다. 그런데도 나는 '사람은 하느님이 주신 대로 살아야 한다'고 생각했다. 하느님이 주신 것이 아니다 내가 관리를 잘못했는데 말이다. 우리는 자기가 관리를 잘못했으면서 오히려 하느님 탓으로 돌리는 일들이 얼마나 많은가! 점을 뺀다는 것은 남자로서, 또는 신부로서 부끄러운 일이 아니라 오히려 하느님의 것을 잘 관리하는 일인지도 모른다.

의사선생님은 오랜 친구처럼 말을 건네면서 약 3분쯤 함께 계셨나? 끝났단다. 거의 아프지도 않았다. 그리고 그럴 생각은 없었는데 교회병원이라 그런지 돈 한 푼 받지 않았다. 이렇게 쉬운 것을…. 점이 있던 자리에 딱지가 붙어있더니 오래지 않아 하나씩 둘씩 떨어지고 새살이 돋기 시작했다. 마치 "죽음이 죽음이 아니요, 새로운 삶으로 옮겨감"위령 감사송이라는 부활의 신비를 체험하는 것 같았다. '사람은 하느님이 주신 대로 살아야 한다'는 기존의 생각이 죽고, '사람은 하느님이 주신 것을 관리해야 한다'는 새로운 생각이 살았다. 얼굴에 있던 점이 죽고 새살이 살았다. 물론 여전히 주근깨를 비롯한 잡티들이 많지만 한번 공사(?)를 한 후 봉달이는 자기 얼굴에 더 만족하면서 하느님께도 더 감사드리고 있다.

"모든 것을 분별하여, 좋은 것은 간직하고 악한 것은 무엇이든 멀리하십시오." 1테살 5,21-22

미인

매월 마지막 금요일에는 노환이나 건강상의 이유로 본당 미사에 나올 수 없는 분들을 위해 봉성체를 한다. 이때마다 사목회장님을 비롯한 몇몇 봉사자들이 동행한다. 그런데 진잠 성당은 도시 외곽에 위치한 탓에 관할 구역 이쪽 끝에서 저쪽 끝까지 거리가 꽤 먼 편이다. 그리고 한쪽은 도시풍경이고 다른 쪽은 한적한 시골과 다를 바 없다. 어느 날부터인가 도시 쪽 어느 동네를 지나다 보니 중국집 앞에 빨간색 계통의 옷을 입고 서서 손님을 부르는 마네킹이 눈에 띄었다. 얼핏 봐도 날씬한 몸매에 눈부신 미모(?)의 소유자였다. 봉달이가 사목회장님에게 농담을 건넸다.

봉달이: "잘 좀 섭외하셔서 사제관에서 같이 좀 살게 해 주시죠?"

회장님: "……."

평소 유머감각이 넘치는 회장님인데 별다른 반응을 보이지 않으셨다. 마치 사제성소와 관계된 부분은 유머로 다룰 영역이 아니라는 단호한 믿음을 가지신 것 같았다. 아무튼 매달 지나칠 때마다 같은 농담을 드렸는데 회장님은 매번 얼렁뚱땅 얼버무리셨다. 그래 봐야 어차피 마네킹이고, 어차피 농담인데…. 구시렁구시렁.

그런데 어느 날 보니, 시골 쪽에 위치한 어느 주유소 앞에도 마네킹이 생겼다. 거기에 있는 미인(?)은 푸른색 계통의 옷을 입고 있었고 전혀 촌티가 나지 않았으며 중국집 마네킹보다 오히려 더 예뻐 보였다. 그래서 또 농담을 건넸다. 그런데 이번에는 대꾸를 해주셨다.

봉달이: "이쪽이 더 예쁜데요? 회장님! 이 아가씨로 섭외

해 주시죠?"

회장님: "데리고 살려면 예산이 필요한데 내년에 고려해 보겠습니다!"

봉달이: "돈은 본당에서 안 주셔도 되니까 같이 살게만 해주세요!"

회장님: "신부님! 이러시면 안 됩니다!" "마네킹 보기를 '돌'같이 하셔야 합니다!"

봉달이: "제가 졌습니다!"

봉달이는 행여 살아있는 미인이 나 좋다고, 같이 살자고 할까 봐 두려운 사람이다. 물론 미인이 총 맞지 않은 다음에야 나 좋다고 할 리도 없겠지만 말이다. 그런데 사실 봉달이 주변에는 마네킹보다 예쁜 미인들이 얼마나 많은지 모른다. 물론 미모가 뛰어나다고 다 미인은 아니다. 예쁜 마음의 소유자가 더 미인이다. 그런데 그 둘을 겸비한 미인들이 성당에는 참 많다. 그래서 큰일이다. 마네킹 보기를 '돌'같이 해야 하면 살아있는 미인들 보기는 '먼지'같이 해야 하나?

"무엇이 네게 나쁜지 살펴보고 거기에 넘어가지 마라." 집회 37,27

허전함

미사가 없는 저녁에는 식사 약속이 많다. 이놈의 인기는 사그러들지도 않아 만나자는 사람들이 여전하다. (봉달이 또 지랄한다.) 아무튼 일 때문이든 개인적으로든 봉달이는 사람들 만나는 일이 잦아서 도무지 외로움을 모른다. 그런데 가끔, 아주 가끔은 외로움 비스름한, 허전함이랄까 뭐 그쯤 되는 분이 찾아올 때가 있긴 하다. 보통은 쓸쓸한 가을날 그분이 찾아오곤 하는데 화창한 봄날이었던 어제 뜬금없이 그분이 오셨다. 그런데 그분은 오실 때마다 무슨 큰 드릴 같은 것을 동반하나 보다. 방문할 때마다 가슴 어딘가가 구멍이 나서 휑한 것 같은 느낌이 든다. 그 느낌 참 싫다.

어머니께 연락하고, 가까이에 살고 있는 누나 내외에게도 연락해서 함께 저녁을 먹었다. 그런데 식사가 생각보다 일찍 끝났다. 그분이 오시는 날에는 식사가 길어져도 괜찮은데…. 성당으로 돌아오는 길에 여전히 허전한 것 같아서 맥주 한잔 하려고 몇몇 사람에게 전화를 해봤다. 공교롭게도 그분이 오시는 날에는 다들 바쁘다. 아마도 그분께서는 그 정도쯤은 미리 파악하고 오시는 것이 틀림없다. 그렇지 않고서야 매번 그럴 수는 없는 노릇이다! 봉달이, 이제 눈치 빨라졌다. 일찌감치 사제관에 돌아와 책이나 읽으면서 그분을 몰아내기로 했다.

한참 책을 읽고 있는데 전화벨이 울렸다. 장애인사목을 할 때 알고 지내던 중증 지체장애를 가진 D형제님이었다. 몸도 잘 가누지 못하면서도 전동 휠체어를 타고 대전 저쪽 끝에서 이쪽 끝으로 기도모임에 나오던 분이다. 전화를 받

았는데 사는 게 퍽퍽한 모양이다. 소주 한잔했고, 하소연하고 싶어서 전화하셨단다. 오늘 내게 왔던 그분이 D형제님에게 건너간 것 같다. 약 20분 넘도록 이런저런 말씀을 들어드렸다. 그러다 보니 삶이 버거워 죽을 둥 살 둥 하면서 사는 또 다른 사람들이 떠오르면서 괜히 눈물이 핑 돌았다. 특히 중증 지체장애를 가진 J형제님이 생각났다. J형제님은 몇 해 전 함께 살던 어머니를 하늘나라로 보내드리고 혼자 외롭게 지내고 있다. 내가 무심했다. 환갑이 가까운 J형제님 집에 조만간 치킨에 맥주 한 병 들고 무작정 찾아가야겠다. 아니, 오늘 가야겠다. 깜짝 방문만으로도 행복해할 사람들, 나처럼 가끔 그분이 오시는 것이 아니라 늘 그분과 함께 살고, 그래서 삶이 버거운 사람들이 주변에 얼마나 많은가! 내가 느끼는 허전함은 사치인지도 모른다.

"쇠는 쇠로 다듬어지고 사람은 이웃의 얼굴로 다듬어진다." 잠언 27,17

성장하는 모든 것은 아름답다

한때 올림픽 꿈나무였다고 말하면 사람들이 어리둥절해한다. 그런데 엄연히 나는 88년 서울 올림픽 육상 꿈나무였다. 중학교 2학년 때의 일이다. 학교 운동회가 끝난 어느 날 체육 선생님은 나를 포함한 몇몇 학생들을 소집했다. 올림픽이 4년 남았는데 꿈나무로 발탁했으니 정식으로 연습을 해보자는 말씀이었다. 그 당시 학업우수 장학금까지 받을 만큼 공부도 꽤 했는데 왜 운동에까지 기웃거렸는지 모르겠다. 올림픽이라는 말의 무게 때문일지도 모르고 연습하는 동안 얻어먹는 빵과 우유 때문인지도 모른다. 아무튼 그때 처음으로 스타트하는 법, 바통 터치하는 법 등을 정식으로 배웠고 매일 방과 후에 달리기 연습을 했다. 그리고 얼마 후 대전·충남 지역 중학생들을 대상으로 육상대회가 열렸다.

그런데 실컷 100미터 달리기 연습을 시켰던 선생님이 대회 당일 오래달리기를 하라고 하셨다. 그 종목은 동네에서도 거의 꼴찌인데…. 그날 34개 학교가 참가했는데 33등 하다가 일부러 추월을 허락하고 꼴찌를 했다. 꼴찌가 더 멋있을 것 같았다. 참 희한한 일이었다. 앞에서 뛸 때는 늘 여유가 없었는데 뒤에서 뛰니까 오히려 여유가 생겼다. 나는 또 그렇게 성장하고 있었다.

본당 1층 로비에 도서관을 만들었다. 이름하여 '착한도서관.' 누구나 간단한 메모만 남기고 책을 빌릴 수 있다. 오며 가며 책을 손쉽게 빌려볼 수 있다는 것이 가장 큰 장점이다. 조만간 신간서적도 구입하고 미비한 신심서적도 보충할 예정이다. 어딜 가든지 애나 어른이나 스마트폰에 빠져있는 모습을 보면서, 문화를 바꿔야 한다는 생각에서 시작한 일이다. 그런데 성당 로비에 책이 많으니까 우선 보기에도 좋을 뿐 아니라 책을 가까이하는 사람들이 늘어서 좋다. 비록 작은 변화지만 우리 본당은 또 그렇게 성장하고 있다.

예비신자들을 대상으로 교리를 하다 보면 그 변화무쌍함에 놀라지 않을 수 없다. 성당에 처음 나왔을 때는 어색한 표정에 또 얼마나 낯설어하는가. 그런데 시간이 지날수록 그런 표정은 사라지고 유쾌하게 웃는 모습을 자주 본다. 더구나 이성적으로나 논리적으로 납득하기 어려운 신앙의 내용들을 단순하게 받아들이는 모습을 보면 은총이라는 생각이 든다. 조금씩 신앙인의 꼴을 갖춰가는 모습이 얼마나 예뻐 보이는지 모른다. 정말 사랑스럽다. 예비신자들은 그렇게 성장하고 있다. 봉달이는 생각한다. 성장하는 모든 것은 아름답다고!

"지극히 거룩한 믿음을 바탕으로 성장해 나아가십시오." 유다 1,20

4부

행복 끝, 또 다른 행복 시작

또 다른 행복의 시작

본당 사제관에서 홀로 밥을 차려먹으면서, "아! 맛있어!"라고 혼잣말을 지껄이곤 했다. 그러다가 아무도 듣는 사람이 없는데 뭔 짓인가 싶어 껄껄 웃으면서 행복해했다. 지금은 교구청 식당에서 다 차려진 밥을 먹으며, '여럿이 함께 먹으니 참 좋군!' 하면서 행복해하고 있다. 본당에서는 착한 신자들의 사랑을 받으면서 많이 행복했다.

교구청에 부임해서 보니, 한광석이라는 이름을 가진 1년 선배 신부도 같이 끌려(?) 들어왔다(주교님! 죄송!). 그런데 한 신부님은 예전에도 그랬지만 여전히 참 '착하다.' 봉달이는 보통 '착하다'라고 쓰고, '내 밥이다'라고 읽는다. 선배임에도 내 밥이라고 여겨지는 신부가 있어서 또 행복하다. 물론 다른 신부님들도 좋고, 함께 지낼 수 있어서 참 행복하다. 이렇게 행복한 이유들을 찾아내는 습관은 유익하다. 봉달이가 언제부터 이렇게 긍정적이었는지는 모르나 긍정적인 생각은 늘 행복하게 만들어 주었던 것 같다.

봉달이가 신부가 되고자 했던 것도 사제의 길을 가면 행복할 것이라고 생각했기 때문이다. 그런데 실제로 신학생 시절도 그렇고, 보좌신부 때도, 그리고 사회사목국 차장 때와 장애인사목을 할 때도 행복했다. 진잠본당에서 주임신부로 지낼 때는 말할 것도 없다. 사람들은 자기의 삶에 어떤 변화가 올 때 흔히, '행복 끝, 불행 시작'이라고 하거나 '불행 끝, 행복 시작'이라고 말한다. 그러나 봉달이는 교구 사회사목국장으로 부임하면서 이렇게 말하고 싶다. '행복 끝, 또 다른 행복 시작.'

사실 봉달이는 '행복 끝, 또 다른 행복 시작'이라는 말로

주문을 걸고 있다. 물론 나 혼자 행복하겠다고 주문을 거는 것은 아니다. 본당에 처음 부임해서 '신부가 행복하면 신자들도 행복해진다'라는 제목으로 홈페이지에 글을 썼다. 그 말이 뜻하는 것처럼 본당에서 신부가 기쁘고 행복한 삶을 살아야 신자들이 조금이나마 더 행복해진다. 같은 원리로, 누군가가 행복하게 살면 주변의 사람들도 덩달아 행복해진다.

봉달이의 원래 이름은 나봉균이다. 주책 같은 표현이지만 행복을 이야기하는 나봉균에 감염되어 사람들이 정말로 행복해질 수 있다면 얼마나 기쁜 일이겠는가! 그래서 봉달이는 더 행복하게 살고 싶다. 가톨릭 사회복지시설에서 일하는 사람들도 그렇게 행복하게 살았으면 하는 바람이다. 종사자들이 행복해야 서비스를 받는 분들이 행복해지기 때문이다.

"행복하여라, 가련한 이를 돌보아 주는 이! 불행의 날에 주님께서 그를 구하시리라." 시편 41,2

꿈

교구청 미사는 아침 일곱 시다. 미사 전에 성당에서 잠시 묵상을 하는데 의자에 편안히 앉은 상태에서 양손을 펼쳐서 위를 향하도록 무릎 위에 놓곤 한다. 그런데 어느 날 묵상이 끝날 무렵, 누군가가 봉달이 옆에 멈춰 서는 것을 느꼈다. 궁금한 마음에 눈을 떴다. 관리국장 오명관 신부님이었다. 무슨 일이지 하는 나의 표정에 아랑곳하지 않고 오 신부님은 말없이 지갑을 열더니 만 원짜리를 꺼내 내 손바닥에 놓는 것이 아닌가! 성당 안이라 소리도 내지 못하고 신음하듯 웃었다. 아! 이른 아침에 어떻게 저런 유머가! 손바닥을 펴고 앉아있는 내 자세를 구걸행위로 간주, 익살맞게도 지갑을 연 것이다. 나는 전혀 구걸하지 않았는데 빈손은 채워졌다. 이렇게 시늉만으로도 가능할진대 우리가 어떤 희망, 꿈을 갖는다면 오죽하겠는가.

봉달이는 자기가 어떻게 생겼는지 생각하지 않는 것 같다. 아니면 평소에 거울을 안 보는 것이 분명하다. 왜냐하면 자기 분수도 모르고 미인美人들을 좋아하기 때문이다. 고2 때 그것을 확실히 알았다. 당시 본당의 막내 수녀님이 정말 예뻤다. 그 수녀님이 신부가 되는 것이 어떻겠냐고 말씀하셨다. 그런데 봉달이에게 그 말씀은 도대체 거절할 수 없는 무게로 다가왔다. 그리고 그 거룩한 미인계(?)에 넘어갔다. 놀랄 일도 아니지만 하느님은 내 약점을 확실히 알고 계셨다. 봉달이는 첩보원이 안 되길 참 잘한 것 같다. 아무튼 그 후로 오랫동안 신부가 되는 것이 희망, 꿈이었다. 그리고 그 꿈은 이루어졌다.

"봉달이는 꿈이 뭐야?" 작년 이맘때 스스로에게 물었는데 바로 답하지 못했다. 오랜 세월을 꿈 없이 지낸 것이다. 고민과 기도 끝에, 새로운 꿈을 갖기 시작했다. 그 꿈은, 어려움에 처한 사람 103명 정도에게 예수님이 되어주는 것이다. 하느님께서 생명을 얼마만큼 허락하실지 모르지만, 내 눈앞에 있는 사람이 내 꿈을 이뤄줄 사람이라고 생각하면 기꺼이 주머니를 털어주고 기쁜 마음으로 이야기를 들어줄 수 있을 것 같다.

실제로 이미 몇 명에게 예수님이 되어주었는데 그 기쁨이 얼마나 큰지 모른다. 감동하는 그 표정을 단 한 번이라도 맛본 사람이라면 누군가에게 예수님이 되어주는 일을 멈출 수 없으리라 확신한다. 꿈, 희망 없이 사는 사람들이 많다. 그러나 나이에 관계없이 사람은 꿈이 있어야 한다. 희망해야 한다. 참고로, 남에게 예수님 되어주는 것을 자기의 꿈으로 삼은 사람은 정말로 행복한 사람이다.

"안전하지 못한 재물에 희망을 두지 말고, 우리에게 모든 것을 풍성히 주시어 그것을 누리게 해주시는 하느님께 희망을 두라고 지시하십시오."
1티모 6,17

멋스러움

봉달이는 겁대가리를 상실했다. 교구청에 부임할 것임을 빤히 알면서도 부임 한 달 보름 전에 이미, 청주에서 대만으로 떠나는 여행상품을 예약해 놓았다. 물론 동창신부들과 함께하는 여행이라 큰맘 먹은 결정이긴 했지만 그래도 예전 같으면 소심한 마음에 눈치(?) 보느라 어림없을 일인데 참 많이 변한 것 같다. 중요한 것은 그 이야기가 아니라 대만에서의 일이다. 이동할 때마다 같은 버스를 타야 하는 일행이 생겼는데 연세 지긋한 네 분의 남성들과 60세 안팎으로 보이는 아줌마 부대 열세 명이었다. 첫날에는 숙소에 늦게 도착했고 둘째 날 거의 새벽에 출발해야 했다. 봉달이는 출발시간보다 약 9분 정도 늦게 도착했고, "죄송합니다!"라고 말하면서 버스에 올라탔다. 그런데 아줌마들의 비난이 쏟아졌다. 어떻게 약속을 지키지 않을 수 있냐느니, 화가 난다느니, 심지어 짜증이 난다는 말까지 들었다. 새벽부터 기분이 별로 좋지 않았다. 그래서 아줌마들 들릴 만한 혼잣말로 한마디 했다. "아무도 늦지 않는지 어디 한번 두고 봅시다!"

약속시간에 늦은 것은 분명히 잘못한 일이다. 그것에 대해 변명하고 싶은 마음은 없다. 그러나 이른 아침부터 그렇게까지 비난받을 일은 아니었던 것 같다. 설령 평소에는 빡빡하게 산다 하더라도 여행지에서만큼은 마음이 좀 넉넉해지면 얼마나 좋을까! 더구나 나이를 먹은 사람으로서 좀 넉넉해질 수도 있으련만…. 사람은 누구나 실수나 잘못을 저지르면서 산다. 그렇다면 남이 잘못했을 때 너그러울 줄 알아야 한다. 그래야 내가 잘못했을 때 배려와 이해를 받을 수 있지 않겠나!

여행이 계속되는 동안 우리 일행은 더 이상 늦지 않았다. 오히려 늘 여유 없이 서두르고 재촉하던 그들이 가끔 늦었다. 본인들도 늦을 수 있고, 잘못할 수 있다는 것을 생각하지 않았을까?

나이를 먹으면서 멋있는 사람이 되었으면 좋겠다. 외모가 잘생기고 못생긴 것을 떠나서 멋을 풍길 줄 아는 사람이 되고 싶다. 삶의 여유도 좀 있고, 배려할 줄도 알며, 인생을 즐길 줄도 알고, 어딘지 모르게 넉넉함이 풍기는 그런 사람이고 싶다. 그렇게 살 줄 아는 지혜가 봉달이에게 있으면 좋겠다. 세월이 흐를수록 젊음이 닳고 있는데 멋스러움이라도 챙겨야 한다.

"지혜는 사람들에게 한량없는 보물, 지혜를 얻은 이들은 그 가르침이 주는 선물들의 추천으로 하느님의 벗이 된다." 지혜 7,14

어림도
없다

나는 내 밥인 줄 알고 있는데 오히려 나를 밥으로 생각하는 한광석 신부님과 함께 포장마차 분위기가 나는 동네 횟집에 갔다. 손님이 딱 한 명 있었다. 주인아저씨는 그 손님의 말 상대를 해주다가 자리에서 일어났다. 그때부터 그 손님은 덩그러니 혼자 남겨졌다. 그런데 그 뒷모습이 왜 그렇게 쓸쓸해 보이던지 마음에 걸렸다. 의외로 오지랖 넓은 봉달이는 주방에서 회를 뜨고 계신 주인아저씨에게 외쳤다. "저희는 저녁을 먹었거든요? 저기 계신 손님도 드실 수 있도록 나누어 주세요!" 한 신부님은 한술 더 떠 소주 한잔을 권했다. 그러자 그분은 본인이 주문했던 석굴을 우리에게 나누어 주었고, 그분 주위에 있던 쓸쓸함은 더 이상 보이지 않았다. 알고 보니 화물 운송 때문에 대전에 온 경상도 아저씨였다. 얼마나 흐뭇해하시던지….

둔산동본당 백현 신부가 맛집을 발견했다면서 태평동에 있는 소고기국밥집에 데리고 갔다. 손님이 어찌나 많은지 밖에서 기다려야 했고, 겨우 자리를 잡았는데 그나마 의자와 식탁이 코딱지만 했다. 더구나 자리가 구석 벽 쪽에 붙어있어서 우리보다 더 구석에 있던 손님이 나갈 때 일어서서 비켜주지 않으면 안 될 정도였다. 잠시 후 새로운 손님이 왔는데 또다시 일어나 그들이 들어갈 수 있도록 자리를 비켜주었다. 짜증이 날 법도 한 상황이었지만 그냥 즐기기로 마음먹었다.

우리는 간단하게 육사시미와 천엽을 시켜 먹고 있었다. 그런데 나를 일으켜 세우고 들어간 옆 손님 식탁에 갈비찜과 수육이 나왔다. 와우! 먹음직스러웠다. "야! 백현! 뭐여? 저게 더 맛있어 보이는데?" 내가 군침을 흘리는 시늉을 해

보였다. 그러자 그 손님들이 우리에게 맛 좀 보란다. 그래서 우리는 육사시미와 천엽을 덜어주고 갈비찜과 수육을 얻어 먹었다. 사실 그 집 음식 맛은 그저 그랬다. 하지만 처음 보는 사람들끼리 음식을 나누어 먹게 하는 그 비좁은 환경이, 아니 그러고 먹고 있는 사람들이 매력적이었다.

〈블랙박스로 본 세상〉이라는 텔레비전 프로그램에서 보았는데 자동차들이 오르막 눈길에서 미끄러져 몇 대가 꼼짝 못하고 있었다. 그때 어떤 운전자가 차를 세우고 내리더니 그 차들을 뒤에서 밀어주었다. 아! 감동이었다. 도대체 어떻게 그런 행동이 가능할까? 어려움에 처한 사람을 도울 기회를 절대 놓치지 않겠다는 마음을 평소에 품고 있었던 것은 아닐까! 그가 신앙인인지 어쩐지는 모를 일이다. 그러나 그런 친절은, 사람들에 대한 사랑의 마음이 자신을 압도하도록 하는 그런 삶을 살지 않으면 어림도 없다. 그런 모습은, 신앙이 나를 압도하지 않으면 어림도 없다.

"여러분의 너그러운 마음을 모든 사람이 알 수 있게 하십시오." 필리 4,5

주님께
드릴
선물

미혼모자들의 쉼터인 '대전자모원'에서 월례 미사를 봉헌하고 나니 시설 식구들이 점심에 국수를 끓인다면서 먹고 가라고 했다. 그런데 봉달이는 이상하리간큼 라면이 먹고 싶었다. 내가 먹고 싶은 것인지, 내 안의 다른 누가 먹고 싶어 하는지 잘 모르겠지만 라면이 겁나게 당겼다. 이만큼 나와있는 봉달이의 배가 단지 기름 덩어리가 아니라 또 다른 생명인지도 모른다는 생각을 가끔 하는데 그 녀석이 라면을 부르는 것 같았다. 아무튼 라면을 먹으려고 대전자모원을 나와 주변을 둘러보며 분식집을 찾았으나 눈에 띄지 않았다. 날씨는 덥고, 백옥(?) 같은 피부도 자외선에 너무 노출시킨 것 같아 그냥 가까운 짬뽕집에 들어갔다.

새로 뽑힌 대전자모원 원장님과 자원봉사를 하겠다고 찾아온 두 분의 자매님에게 식사를 대접하기 위해 동행했다. 그분들은 미혼모들의 아기를 돌보는 봉사를 해주면 좋겠고, 그런 것이라면 잘할 수 있다는 이야기를 나누고 있었다. 그때 봉달이는 장난기가 발동하여 뜬금없이 이렇게 말했다. "저도 하는 짓으로 볼 때 거의 아기인데 저도 좀 봐주세요!" 프란치스카라고 자신을 소개했던 자매님이 장난기 섞인 단호한 어조로 이렇게 응수하셨다. "저는 예쁜 아기만 잘 볼 수 있거든요?" 헉! 한 방 얻어맞은 느낌이었다. 수줍음 많은 분이라고 생각했는데…. 유머감각이 정말 돋보였고, 성격도 참 좋아 보였다. 함께 온 제노비아 자매님도 아주 밝고 넉넉한 분이었다. 두 분 다 처음 만났는데도 적극적으로 봉사하고자 하는 마음 때문인지 흐뭇하고 뿌듯한 느낌이 들었다.

자기 혼자만 정의로운 사람인 양 따지기 좋아하고, 옳고 그름을 지적하기 좋아하는 사람들을 만날 때가 있다. 그때마다 피로감에 시달린다. 아무리 생각해도 그런 사람들을 통해 세상이 더 나아지는 것 같지는 않다. 오히려 봉사를 하고자 하는 따뜻한 마음을 지닌 사람들이 세상을 변화시킨다. 관점이 조금 다를 뿐이지 뭐가 그렇게 옳고 뭐가 그렇게 그르다는 말인가! 이 세상 삶을 마치고 주님을 만났을 때 그분께서는 무엇으로 셈을 하실까? 사실 주님께 드릴 선물을 완성해 나가는 것이 인생이다. 그분이 좋아하시는 선물은 사랑이다. 정의만 강조하다가 자칫 사랑을 놓칠 수 있다.

"자칫하면 여러분이 하느님을 대적하는 자가 될 수도 있습니다."
사도 5,39

균형

봉달이는 걷는 것을 좋아한다. 산이든 평지든 걷는 것이 좋다. 천주교 대전교구장이신 유흥식 라자로 주교님도 걷기를 좋아하신다. 한번은 교구청에서부터 성모병원 근처에 있는 회식장소까지 약 한 시간 정도를 함께 걸어갔다. 거리를 걷다 보면 흔한 풍경이지만 전단지를 나누어 주는 사람들을 만난다. 어떤 사람이 주교님에게 전단지를 건네며 이렇게 말했다. “예수 믿고 구원받으세요!” 혼자서 얼마나 웃었는지 모른다. 예수를 믿고 사는 것이 본업인

분에게, 더구나 30만 명에 가까운 대전교구 신자들을 책임지고 계신 분에게 예수 믿고 구원받으란다. 사복을 입고 걸으면 높고 낮음이 없다. 그냥 평범한 한 사람일 뿐이다. 윗자리로 올라갈수록 가끔은 그런 경험을 하는 것도 좋은 것 같다.

거리의 배고픈 예수님에게 점심 한 끼를 제공하는 사회복지시설인 '대전성모의집'에 주교님을 모시고 갔다. 주교님은 약 2백여 명에게 불고기를 나눠주는 일을 맡으셨고, 봉달이는 입구에서 토마토를 하나씩 나누어 드렸다. 워낙 간단한 일이라 한가했다. 일을 하면서 식사하는 분들을 물끄러미 바라보며 생각에 잠겼다.

맨 먼저 든 생각은 내 삶에 대한 감사였다. 먹을 것 때문에 걱정하지 않아도 되니까. 굳이 이런 시설에서 식사를 하지 않아도 될 것 같은 분들도 가끔 보였다. 하지만 대부분은 정말로 음식이 필요한 분들이었다. 고약한 냄새를 풍기는 분들도 적지 않았다. 대부분 빽빽한 의자에 앉아 조용히 음식만 드셨다. 그러나 가끔은 음식을 더 달라고 당당하게 주문하는 분들도 계셨다. "아저씨! 여기 고기 좀 더 줘요!" "예, 갑니다! 조금만 기다리세요!" 주교님은 성직자 복장을 하고 계셨지만 이날도 역시 고기를 날라다 주는, 머리 하얗고 마음씨 좋은 아저씨일 뿐이다. 높은 분이라기보다 그냥 평범한 봉사자가 더 잘 어울리는 아저씨 같았다.

올해 초 교구청으로 부임하던 무렵, 주교님은 나에게 말씀하셨다. "사회적으로 지위가 높은 사람들을 자주 만나는 자리에 있기 때문에 한 달에 한 번 정도는 가난하고 힘없는 사람들과 함께할 수 있는 기회를 갖고 싶습니다. 그래야 균형을 이룰 수 있을 것 같습니다. 나 신부님이 도와주십시오." 주교님뿐만이 아니다. 누구라도 가끔은 아래를 내려다보면 좋다. 그래야 균형을 이룰 수 있다.

"기뻐하는 이들과 함께 기뻐하고 우는 이들과 함께 우십시오. 서로 뜻을 같이하십시오. 오만한 생각을 버리고 비천한 이들과 어울리십시오."
로마 12,15-16

융통은
곧
사랑

A: "여보세유? 거기 ○○식당이쥬? 여섯 시에 네 명 부탁해유! 방 있으면 주시구유!"

B: "방은 이미 꽉 차서 어렵구요. 예약자 성함이 어떻게 되시죠?"

A: "나. 봉. 달. 이유!"

B: "호호. 이름이 재미있으시네요. 방을 따로 드릴 수 있으면 드릴게요."

식당 예약할 때 상대방이 이름을 물어보면 실명으로 이야기하지 않고 별명을 댄다. 일하느라 힘들 텐데 잠시나마 재미있으라고 일부러 그런다. 실제로 전화를 받는 분들이 웃으면서 재미있어하신다. 심지어 방을 부탁했을 때 처음에는 없다고 했다가 한바탕 웃고 난 다음 방을 마련해 준 적도 있다. 평소에 단골로 다니던 음식점도 아니다. 그저 가볍게 한번 웃을 수 있도록 해드렸는데 반응은 사뭇 다르다.

누구나 어떤 위치에서든, 크든 작든 권력이라면 권력을, 힘이라면 힘을 가지고 있다. 그리고 그 권력이나 힘을 어떤 원칙 아래 쓴다. 그러나 융통의 여지는 얼마든지 있다. 사실 관계가 좋으면 안 될 일도 된다. 살면서 안 될 일이 된 적이 한두 번이 아니다. 그 모든 일에는 누군가의 도움이 있었고, 어떤 융통이 발휘됐다. 정의롭지 않은 융통 때문에 누군가가 다치는 것이 아니라면 융통은 또 다른 말로 배려이고 사랑이다. 그런데 어떤 사람들은 꽉 막혀서 한 치의 양보도 없다. 오로지 한 가지, 자기 관점밖에 없는 사람이 있다. 그야말로 융통성 없는, '답답한' 사람이다.

해미에서 프란치스코 교황님과 눈을 마주 보며 악수를 나누었다. 영광이었다. 마치 '걸어다니는 성인'을 만난 느낌이었다. 프란치스코 교황님이 풍기는 기운은 도대체 어디에서 오는 것일까? 어쩌면 그분의 융통성 때문이 아닐까 싶다. 교황님은 여름휴가를 편하게 지낼 수도 있었지만 며칠을 반납하고 한국에서 지내기로 융통하셨다. 또한 방탄차를 타고 안전하게 다닐 수 있었지만 더 많은 사람과 눈빛을 교환하고 살갗이 닿는 쪽으로 융통하셨다. 늘 그런 식이다. 낮은 곳으로 임하는 융통이야말로 예수님이 보여주셨던 바로 그 사랑이다. 융통은 곧 사랑이다. 융통, 곧 사랑의 대가이신 프란치스코 교황님의 명언이다.

"가끔 나는 사람들에게 '거지에게 동냥을 줘 봤느냐?'고 물어봅니다. 그들이 '예'라고 대답하면 나는 '당신은 동냥을 줄 때 그 사람의 눈을 바라봤나요? 아니면 그 사람의 손을 잡아봤나요?'라고 되묻습니다. 눈을 맞추고 손을 잡아야 그들과의 진정한 만남이 이루어지기 때문입니다. 많은 사람들이 돈만 던져주고 가버리거든요."

제27회 사회주간 참석자들에게 프란치스코 교황이 한 연설

사람냄새가 나는 사람

최근에 〈사람냄새〉라는 노래를 들었다. 멜로디도 좋은데 가사는 더 좋았다. 가끔 글을 써야 하는 입장이라 언젠가는 '사람냄새'라는 주제로 글을 써보려고 했다. 심지어 '사람냄새가 나는 사람이고 싶다'라는 제목까지 이미 정해두었다. 그래서인지 〈사람냄새〉라는 노래를 듣는데 노래가사가 마음에 와닿았다. "돈보다 자기 삶을 즐기며 살 줄 아는 평범치 않은 아름다운 매력의 소유자. 사람냄새가 나 이 복잡한 세상 넌 마치 때 타지 않은 자연산. 사람냄새가 나서 니가 너무 좋아져 어설픈 외모가 왠지 더 끌려 난 우물쭈물하다가 너를 놓칠까 봐 난 미칠 것만 같아" 물론 이 노래는 연인에 대한 사랑 표현이다. 그런데 사람냄새는 연인 사이를 넘어 누구에게나 필요하고 누구나 좋아하고 누구든지 그리워하는 향기가 아닐까!

사회복지행사장에서 처음 만나 잠시 대화를 나누는데 어려운 이웃을 방문했던 이야기를 하면서 눈물을 글썽이는 분을 보았다. 꾸밈없는 진정한 눈물이었다. 사람냄새가 나서 좋았다. 가끔 가톨릭 사회복지기관 여기저기에서 운영위원회를 한 뒤 식사를 함께한다. 그런데 최근 대덕종합사회복지관 운영위원 중에 한 분이 기쁜 마음으로 음식 값을 지불해 주셨다. 그분이 부자가 아니라서, 더구나 가톨릭 신자가 아니라서 더 가슴이 따뜻해졌던 것 같고, 복지관에 더 큰 격려가 되었다. 사람냄새가 나서 정말 좋았다.

동창 백현 신부가 본당 관할구역 아파트에 입주하면서 몇몇 세대에 떡을 돌렸다고 한다. 그런데 떡을 받고서 가만히 있을 수 없었는지 짧은 메모와 함께 다른 음식이 돌아왔단다. 빈 그릇을 그냥 되돌려 줄 용기가 없어 그 예쁜 짓들(?)을 서로 두어 번 반복한 모양이다. 어느 날, 아파트 사제관 현관 앞에 놓인 음식을, 아니 이웃의 정情을 직접 목격했다. 사람냄새가 나서 좋았다.

코가 아니라 가슴으로만 맡을 수 있는 냄새가 있다. 바로 사람냄새다. 누군가가 어떤 인생을 살고 싶으냐고 묻는다면 이제는 주저 없이 말할 수 있을 것 같다. 사람냄새가 나는 사람이고 싶다고. 사람냄새가 나는 신부이고 싶다고. 내 안에 높은 사람이 되고 싶은 욕심은 없는 것 같다. 그런데 따뜻한 사람이고 싶은 욕심은 보인다. 따뜻한 사람, 사람냄새가 나는 그런 사람이고 싶다. 그런 신부이고 싶다.

"보아라, 내 아들의 냄새는 주님께서 복을 내리신 들의 냄새 같구나."
창세 27,27

※ 본문용지는 친환경 재생용지를 사용했습니다.